管理思维跨界创新

CROSS-BOUNDARY INNOVATING
WITH MANAGEMENT THINKING

赵 征 著

中国科学技术大学出版社

内容简介

思维改变了我们看待及体验这个世界的方式。人类社会已经步入"思维时代",未来属于那些拥有与众不同思维的人。

本书根据作者长期的管理实践和研究,总结了管理者反应管理对象时运用的逻辑形式、结构和方法,结合实证性、科学性、系统性和创造性等要素,对管理思维的组成要素提出了新的观点;并运用管理创新思维模式,对产业经济、创新创业、互联网＋、教育和健康管理等经济与社会发展的热点领域,通过撰写短文的方式进行"跨界"思考,突破了常规思维的界限,以新颖独特的方法和视角思考问题,挖掘不同领域间的内在逻辑关联。

本书有助于企业管理者、EMBA和MBA学员更好地理解快速变革的发展环境,找到更适合组织及个人自身特征的发展路径,同时也可为高等院校和科研机构的教学与科研提供参考。

图书在版编目(CIP)数据

管理思维跨界创新/赵征著. ——合肥:中国科学技术大学出版社,2016.1
ISBN 978-7-312-03914-0

Ⅰ. 管⋯　Ⅱ. 赵⋯　Ⅲ. 管理学　Ⅳ. C93

中国版本图书馆CIP数据核字(2016)第001077号

出版	中国科学技术大学出版社 安徽省合肥市金寨路96号,230026 网址 http://press.ustc.edu.cn
印刷	安徽国文彩印有限公司
发行	中国科学技术大学出版社
经销	全国新华书店
开本	710 mm×960 mm　1/16
印张	19.25
字数	191千
版次	2016年1月第1版
印次	2016年1月第1次印刷
定价	56.00元

序 一

赵征的《管理思维跨界创新》一书行将付梓,应邀,我乐于写几句话,为之序。

说来,我在高校从事教学科研工作已经快50年了,期间做了廿年管理学院的教学和管理工作。教书育人,读书读人,自己也在不断学习。几十年来,我对国际国内管理学界和经济、金融、产业界的许多事感慨良多,但其中贯穿其中的一条主线,就是管理思维的不断创新。

西方的管理学家,我很欣赏管理学大师德鲁克,他的著作和思想非常清晰,问题导向,从实际出发,给出解决方案。他的《卓有成效的管理者》一书已成为全球管理者必读的经典。我欣赏的另一位,是"一衣带水"东边邻国的大前研一先生,他与时俱进,东西合璧的管理思想在日本甚至全球都独树一帜。他提出了"思考力就是竞争力"的观点,认为应摆脱以往的思考模式,学习逻辑思考,培养洞悉问题本质的能力。这样,国家才会越来越强盛,社会甚至每个人的人生也会越来越美好。

值得欣喜的是,我国改革开放以来已经涌现出一批管理思想卓越的企业领军人物,如柳传志、张瑞敏、任正非、马云、董明珠等。他们带领自己的团队在没有路标的道路上打拼、前行,打造出了国际认可的一批"中国品牌"。许许多多事实都说明一个道理：管理思维—形成管理理念—影响管理态度和行为。而管理思维，路在创新。

　　现在，年轻学者赵征的新作《管理思维跨界创新》在"产业""互联网+""教育"和"健康管理"等方面，打破传统的、常规的思维模式，运用新的认识方法，开拓新的认识对象和领域。该书对管理思维"跨界"所作的深入探讨，尤其令人耳目一新。在当今e时代，甚至可以说，如要创新，必须跨界。更难能可贵的是，作者不是把"跨界"本身作为目标，而是站在"整合"的角度去思考，如何在本质上通过"跨界"实现深层次的整合。这些都很有新意。

　　相信这本书将对管理思维创新的普及和进一步探讨很有裨益，对管理实践者也会有所启迪。也期待以iWork为专长的赵征老师在e时代能奉献给读者更多有趣的新作。

2015年12月6日

方兆本，中国科学技术大学管理学院教授。

序　二

　　管理学研究的对象中由于包括了"人",所以它的研究结论与自然科学的研究结论不太一样。自然科学强调普适性,在相同的条件下,其得到的结果应该是放之四海皆准的。而管理学(特别是工商管理研究领域)研究的结果大多数只具有借鉴和指导作用,在指导实践的过程中需要实事求是,需要将管理的理论与具体实践相结合,需要从具体的情景出发进行管理再创新。从这个角度讲,管理无绝对,只是"尺度"问题,所以说"管理学既是科学又是艺术"。从管理理论研究到管理具体实践,创新一直贯穿其中。

　　当今社会,经济和技术的发展决定了管理创新具有综合性,也就是本书中所说的"跨界"。实际上不仅仅管理学是这样,自然科学同样有这样的特征和趋势,所以产生了所谓"交叉学科"。管理创新的本质是管理者的"思维"创新,这种思维创新既可以通过直觉(顿悟)过程得到,也可以通过分析(逻辑)过程得到。直觉的背后是经验和视野,分析的背后是理论和知识,因此管理创新需要管理者具有丰富的经验和宽广的视野,当然如果管理者不断进行理论学习和知识积累就更理想了。

　　随着互联网+、云计算、大数据、智能制造等新技术的快速发展,管理学理论与实践者面临着新的机遇和挑战,机遇在于创新的空间巨大,挑战在于创新的难度增加。特别是在我国"大众创新、万众创业"的时代背景下,技术创新与管理创新相辅相成,已经成为我国经济发展的主要驱动力。技术创新给管理创新提供有效工具和空间,管理创新则为技术创新打开了效率和效益的通道。当前中国经济发展进入新常态,基本特征是速度变化、结构优化、动力转换。因此我国的企业家和创业者的管理思维创新的重要性不言而喻。

赵征从日本获得博士学位后,回到中国科大管理学院工作。在取得博士学位之前,赵征在国内高技术企业任职高管工作,因此他在管理理论和管理实践方面都有很多心得体会。到学校工作后,他在教学和科研工作之余,还经常参与企业管理的实践交流,其中他主持的电视台"新徽商"栏目就有较高的收视率,这个栏目主要通过与企业家面对面的交流,启发和提升企业的管理水平及企业家的创新思维。这次他撰写的《管理思维跨界创新》一书,就是他在教学、科研和管理实践探索中的总结,其本身就是探讨、运用新的思维模式,在"产业""互联网+""教育"和"健康管理"等领域开拓管理创新的新方向和新方法,很有创新价值。

赵征的新书,契合了企业家和创业者们更新知识的迫切需求。希望这本书能够为他们的企业发展助力。也希望这样的研究和书籍越来越多,让管理能够更接"地气"、更有用,更好地为中国经济发展服务!

2015年12月10日

梁樑,教育部长江学者特聘教授。

前　言

如果自我从日本回国进入中国科大时算起，2016年是第十个年头了，也是我从企业界投身学术界的第十年了。

我从事过管理，算不上有多成功；现在研究管理，更算不上什么成功。但一路走来，我给自己定下目标，要多观察，多思考，总有一天要安静地坐下来仔细反思。把所有的思考结果，与打算投身商业领域的学生们，特别是目前还奋斗在商业领域的朋友们进行交流和分享。

我经常提醒EMBA学员中的企业家们的一句话是："别因为走得太远，而忘记了当初为什么出发。"这句话有三个层面的含义。第一个是行为层面的，要提醒自己随着企业的发展壮大，不要忘记企业成长初期战战兢兢、如履薄冰的过程，仍要心存敬畏，不可自我膨胀。第二个是管理层面的，要强调目标管理，很多的事不要做着做着就忘记了初始设置的目标，开始追逐短期利益。第三个则是认知层面的，要对目标有深刻的理解，由于企业的竞争环境经常变化，只有对目标认知清晰，当外界环境发生变化，才能更好地利用外界变化，为企业创造机遇。

环境变化带来的挑战之一，就是越来越多的产业边界变得日趋模糊，手机抢了电脑的市场，支付宝变成了银行业的竞争对手……"跨界"的现象越来越多,因为跨界而成功的企业也越来越多。其实不仅在商业领域,科学研究中不同学科之间的交叉领域,同样也是被关注的热点和创新高地。但,如何才能跨界,真的是"跨"吗?可能正如我在本书《界不是"跨"出来的,而是"连"出来的》一文中所表述的观点一样,"界"是"连"出来的,一定存在着我们不易察觉的、需要剥茧抽丝拨开迷雾的连接。

这本书,不是要提出什么新理论,也不想提出什么新学术观点,更没有什么包治百病的良方,只是把我从2013年开始在"产业""互联网+""教育"和"健康管理"等领域所看到的与想到的,用管理的思维方式,试图把它们梳理清楚,在不同现象之间建立起"新"的连接。

为了方便阅读,我在书中每篇文章的末尾,将文章中的主要观点总结并注明("文章重点"部分)。

考虑到读者可能还希望了解每篇文章更多的相关内容,我在每篇文章的最后,还推荐了可供延伸阅读的书籍(书名及作者)。

通过这些方式,供有兴趣的读者参考,以期对这些问题更容易理解,更容易看清晰。同时借助这本书,做起事来比我成本更低,效率更高,机会更多。

在本书的写作过程中,我需要感谢太多的人,我要感谢迄今为止曾经提供过帮助的所有同事,他们不断给我提出诸多宝贵意见,帮助我不断成长。书中的部分文章曾发布在我的微信公众平台上(微信号:ustc-zhaozheng),得到了很多热心读者的指正,在此对他们表示感谢。

感谢在教学中认识的上千名科大MBA和EMBA学员,这些经验丰富的管理人员给予我很多启发,让我有更多的思考。同时让我明白,想真正搞明白一门学问,最好的方式就是讲课。

我还要感谢为我的研究提供素材和案例的企业家们,他们毫无隐瞒地与我分享企业经营的信息与数据,并把我的思考和研究应用于企业的管理实践,让我有了试错与验证的机会。感谢远征俱乐部的企业家们和参加戈壁挑战赛的科大队员们,让我对企业家群体有了更深的了解,也对人生有了更多的感悟。

我还要向一些个人致以谢意,但绝无忽略其他人的意思。首先要感谢我的硕士论文导师梁樑教授,在我获得日本东京工业大学博士学位后,他鼓励我回到中国科学技术大学管理学院任教,坚定了我投身学术界的信心,还容忍我在教学科研之余,"不务正业"地参与各种跨界活动,也因此才有了这十年的丰富人生经历。

我还要感谢方兆本教授,作为一个资深的学者和前辈,对任何的新生事物都有着超乎寻常的好奇心,关心和关注我的研究与教学工作,给我许多指导和鼓励,在本书的写作过程中也给我很多指点。

感谢我的博士论文导师,日本东京工业大学的比嘉邦彦教授,让我有机会参与了众多的研究,了解了诸多日本知名企业,使我对现代企业管理的精髓有了更深刻的理解。

我要感谢这本书的编辑团队。中国科学技术大学出版社的杨振宁编辑,为本书的出版做了很多协调工作,让书稿修订、插图和版式设计等工作同步进行,节约了大量时间,使本书得以早日面世。还要感谢安徽建筑大学艺术学院的杨恩慧老师,为本书绘制诸多插图、设计版式和封面。他们容忍我不断提出的细节完善要求,付出了大量时间和心血,为本书和我的思维都带来了难以估量的价值,让我感受到了写作的乐趣。要声明的是,若本书有什么缺点错误之处,都应是我的责任,请有识之士不吝指教。

其实每一次的尝试,都是我的学习;而每一次的学习,又让我更明白自己的无知;清楚了自己的无知,就让我更增添了动力。我会继续在这条我自己选择的、让我热情澎湃的职业道路上,义无反顾地走下去,用更多的成果回报关心和支持我的所有朋友。

我总是围绕着我的兴趣工作,没有足够的时间陪伴家人,这对他们而言非常不公平。感谢我的父亲和母亲,他们对书稿提出了很多建议,为本书增色良多。前进的道路上,我需要提醒自己:别总忙着赶路,更要感悟身边的亲情。

谨以此书,献给一直以来默默支持我的妻子和女儿。

赵征
于合肥
2015年10月

目 录

序一	i
序二	iii
前言	v
引论	*001*
写在前面	*003*
管理的第一能力	*007*
再论管理的逻辑和思维	*012*
界不是"跨"出来的，而是"连"出来的	*018*
知识结构与创新	*025*
"翻译"决定创新	*033*
产业管理思维创新	*039*
管理中的认知与行为	*041*
创业"赵不赵"之创业评估	*046*
量化、固化和文化	*052*
从管理认知与行为的关系探讨企业培训的组织	*059*
管理的艺术就是"形"的再造	*065*

X

细节连接执行　越位连接协同	071
有一种境界叫补位	077
喝彩、陪伴和自我服务——团队建设的三大法宝	084
制造、标准和匠人	090
客户体验到底是什么？	098
体验——为你在客户心中画像	104
客户体验的层级	112
企业如何成为客户体验的赢家	119
"白头偕好"or"同床异梦"	125
企业与人生	132

互联网+管理思维创新　139

互联网思维就是回归价值本质	141
京东还是阿里？屁股的困惑！	149
大数据是来挽救云服务的	156
"以价值引领"到"以价值观引领"	162
从"打车软件"说开去	168
千面女郎还是变形金刚	175
免费的意义	182
微信营销——地狱还是天堂？	189
众筹到底筹什么？	196

教育管理思维创新   203
   聊聊孩子的教育   205
   互联网让教育回归本质   213
   招生的困惑   220
   孩子们为什么要阅读？   227
   武汉民间联考的思考   234
   你真的毕业了吗？   240
   基业长青导向下的员工学习   245

健康管理思维创新   251
   我的戈壁挑战感悟之知其不可而为之   253
   戈壁感悟之卓越与优秀   259
   自律——从优秀人生到卓越人生的蜕变   266
   我们为什么要坚持？   272
   选择——配得上你曾经经历的苦难   279
   那些年伴我运动的鞋们   284
   附：戈壁队友感悟节选   288

引论

- 写在前面
- 管理的第一能力
- 再论管理的逻辑和思维
- 界不是「跨」出来的、而是「连」出来的
- 知识结构与创新
- 「翻译」决定创新

写在前面

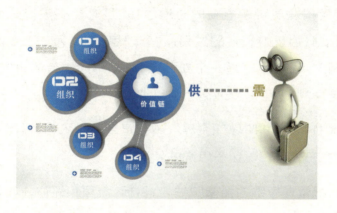

什么是"管理思维"?
"跨界"跨的是什么"界"?
这是首先要解决的问题。

管理思维是"管理"和"思维"组合而成的复合概念。法约尔[1]认为:"管理就是计划、组织、指挥、调节、控制。"彼得罗夫斯基[2]把思维定义为:"思维是受社会所制约的,同语言紧密联系的,探索和发现崭新事物的心理过程,是对现实进行分析和综合,间接概括反映现实的过程。""管理思维"作为一个专门术语的时间并不长,也算是一个新概念,依据不同学者的研究,可概括总结为"加工生产管理活动的思维"。

本书书名中"跨界"的"界",不仅是基于学术界、媒体界和企业界的交叉视角,更在于思维的领域。

我把管理思维的要素归纳为:目标、流程和评估,同时提出:管理思维创新的着眼点,应该紧密围绕价值、商业模式、战略、协同和评估这五种层面的关系。这些内容,可能包含了两个层面的"跨界",其一是围绕组织与价值链的关系,思维从单个组织层面延伸到价值链层面,跨出了组织的边界;其二是围绕供需关系,价值链仍是聚焦供给领域,对于需求方,也就是客户,并无太多涉及,因此对于第二个"界",思维是跨出了价值供给和价值需求之间的边界。

传统商业组织的定位,可以理解为资本增值的工具。而随着信息和网络技术的发展,与组织生存发展关系密切的利益相关者范畴和发生关系的频度都发生了巨大变化,组织间的关系愈加复杂,组织的职能不仅仅要为组织管理方服务,还要为价值链中的不同组织服务。

信息与网络技术带来的另一个影响,体现在组织与客户关系层面。受商品日益丰裕而产生的供大于求日趋加剧的影响,生产与消费的关系发生了巨大变化。生产者必须考虑消费者,而非仅以自我立场为出发点无视其他,取得顾客的关注和顾客价值才是销售和获利之路。这本身就反映了管理思维的革新,其实质是由外向内反观生产的思维。用德鲁克[3]的表述可进一步体会这种变化:当追问我们想要什么时,我们更应多想想"对方想要什么"。而高附加值的产出需要与新型生产消费关系相匹配的、更加精致化的管理思维创新。

"产业""互联网+""教育"和"健康管理"等领域,都需要我们打破传统的、常规的思维模式,运用新的认识方法、手段,开拓新的认知对象和领域。在前人已经取得的知识及成果的基础上,根据一般科学的规律,通过积极的思维活动,调集、重组原有的知识,去发现新的知识、规律和方法,寻求思维模式的不断变革,创造出具有开创性意义的新思路。正如学者石滋宜[4]所说:"成长的极限,不是资金,不是技术,也不是人才,而是思维模式的刻板化,打破它,就能腾飞与跃升。"

注 释

1. 亨利·法约尔(Henri Fayol, 1841~1925),古典管理理论的主要代表人之一,也是管理过程学派的创始人。代表作为《工业管理与一般管理》。

2.彼得罗夫斯基·阿尔图尔·弗拉基米罗维奇,苏联心理学家,主要研究领域是心理学史、社会心理学和个性心理学,是公认的研究群体和集体问题的专家。主要著作有《心理学》《个性、活动、集体》等。

3.彼得·德鲁克(Peter F. Drucker,1909~2005),著名管理学家,被誉为"现代管理学之父"。代表作有《管理的实践》《创新与企业家精神》《21世纪的管理挑战》等。

4.石滋宜(Casper Shih),日本东京大学工学博士,现任全球华人竞争力基金会董事长及全球华人(北京)企业顾问中心董事长。代表作有《经营的DNA》《总裁的智慧》《变革》等。

延 伸 阅 读

◎《Turning Point》,Ayres R.著。

◎《Modes of Thought》,Alfred North Whitehead著。

管理的第一能力

写出一篇好文章，文字有可能做到，词汇有可能做到，内容也有可能做到，但让你有绕梁三日、回味无穷之感的，最可能的就是它的逻辑。

几天前研究室的研讨会上，一位研究生提出了一些问题：老师，我们上研究生，似乎主要的任务就是看文章和写文章，承接企业的项目，还要写报告，为什么不做一些具体的工作？写文章到底有什么用？

写文章到底有什么用？这是一个好问题。那首先要搞清楚，什么才是好文章？是文字，是词汇，还是内容？对于这些问题，可谓仁者见仁，智者见智。喜欢的可能非常喜欢，不喜欢的可能非常不喜欢。而有可能对更多的读者都有启发的——可能与文字、词汇、甚至内容都无关，是逻辑！写文章的训练，本质上就是逻辑能力的训练。

作为一名商学院的教师，每年都要参加各式各样的面试，特别是MBA和EMBA的招生，面试所占的比重越来越高。经常有学员向我咨询面试的技巧，其实面试中最大的考验不是被问到的某个问题，而是因这个问题而被追问的延伸问题。某个问题考生可能有所准备，而追问的问题基本无法预料，因此对考生的反应能力和知识积累，特别是逻辑能力提出了较高要求。往往初次与一个人相谈，能给对方留下深刻印象的，不是你说话的内容，而是你的逻辑。

看一篇文章，就像与一个陌生人聊天，同样的问题，你选择什么样的切入点、什么样的顺序、什么样的层次条理，是文章的关键。写出一篇好文章，文字有可能做到，词汇有可能做到，内容也有可能做到，但让你有绕梁三日之感、回味无穷的，最可能的就是它的逻辑。读起来就像欣赏庖丁解牛,刀刀关键、丝丝相扣、字字珠玑,毫不拖泥带水,看得人畅快淋漓。而写文章的训练,尤其是撰写研究文章的训练,本质上就是思维的训练和逻辑的训练,而且这种训练绝不仅仅对写文章有用,还可以运用在任何活动中。当然,管理也不例外!

管理学和经济学的基本假设之一,就是资源是有限的,因此要合理配置资源。那么,对于一个组织而言,当前有哪些问题需要解决,这些问题轻重缓急的次序是什么,解决问题的方向是什么,解决这些问题需要什么资源,这些资源之间有什么内在联系,解决问题的步骤是什么样的,为什么是这样的……观察现象,收集资料,整理和分析数据,找寻联系,提出问题,形成假设,设计解决方案,检验和评估,交流和总结,获取新知识,形成智慧,改变行为,这一切就是管理活动的构成。组织的每一项上述能力的提升,都在提升组织的管理;而我们看不见的,隐藏在所有活动的背后、连接这些能力的,正是逻辑!

逻辑,就是引导思维,同时为思维提供依据的概念、判断与推理。而逻辑思维能力,就是正确、合理地进行思考的能力。

提升逻辑思维能力,本质上就是提高解决问题的能力,那如何来提升呢?

金庸先生在《书剑恩仇录》中有这样的描写:

"……就在这电光石火的一瞬之间,赵半山身子一弓,正是太极拳中'白鹤亮翅'的前半招,陈禹这一拳的劲力登时落空。赵半山腰间一扭,使出'揽雀尾'的前半招,转过身来,双掌缓缓推出,用的是太极拳中的'按'劲。他以半招化解敌势,第二个半招已立即反攻,只两个半招,陈禹全身已在他掌力笼罩之下。太极拳乃是极寻常的拳术,武学之士人人识得。众人见赵半山一守一攻都只使了半招,就能随心所欲,的确是名家手段,非同凡俗,无不大为叹服……"

我对于武学是个门外汉,不知道武学中有没有半招的说法,但我猜测金庸先生想要表达的,是他对"高手"的理解,那就是深刻理解与灵活运用寻常知识的能力。了解寻常知识,不是难事,难的是明晰知识之间的关联,临敌时能够做到随意组合,运用自如。

灵活运用知识的前提是知识积累,但核心是想象力,需要经常性地假设场景思考,因为逻辑思维有较强的灵活性和开发性,因此发挥想象对逻辑推理能力的提高有很大的促进作用。知识基础越坚实,知识面越广,就越能发挥自己的想象力,养成从多角度认识事物的习惯,全面地认识事物的内部与外部之间、事物与事物之间的多种多样的联系,才能拓展自己的想象力。

其次需要的是语言能力的提升。语言能力的好坏不仅直接影响想象力的发展,而且逻辑推理依赖于严谨的语言表达和正确的书面表达。因此重视语言培养,尤其是数学语言和几何语言的培养对逻辑推理能力的形成是不可或缺的关键一环。

最后是图形能力的提高。我在大量的管理实务中发现,管理人员的汇报方式从使用 Word 文档,到使用 PowerPoint,最后到使用思维导图,正是员工做图和识图能力不断提升的过程。因为逻辑推理更多直接的应用,是与图形的使用能力密不可分的,图形中包含了许多隐藏的已知条件和大量的推理素材及信息,对图形的认识是否深刻,直接影响到问题能否解决。能够把复杂的文字描述用清晰的图形表示,能够从复杂的图形中快速找到关联,是逻辑能力培养的重要手段。

我在授课中的一句话,在很多已经毕业的学生和正在学习的同学中流传:管理就是拉单子,科学就是分类。当你拉出了单子,明白自己要做哪些事,再把它们分好类,你的管理就可能做到更科学。而所有这一切能够实现的核心,就是逻辑!

文章重点

◎ 看不见的,隐藏在所有活动的背后、连接各种能力的,正是逻辑!
◎ 逻辑能力的训练:想象力、语言能力、图形能力。
◎ 管理就是拉单子,科学就是分类。

延伸阅读

◎《逻辑》,金岳霖著。
◎《麦肯锡教我的思考武器:从逻辑思考到真正解决问题》,安宅和人著。

再论管理的逻辑和思维

在"企业成功"与资源和能力之间存在着因果模糊,换言之,人们弄不清成功企业的成功原因是什么。

我在《管理的第一能力》一文中提出逻辑能力是管理第一能力的观点，写完后我把文章发给了父亲[1]，请他帮我提提建议。父亲看完文章后提出了一个问题，他认为"逻辑能力"的提法有偏差，与思维的关系也没有说清楚。我觉得他说得很有道理，于是决定再写一篇文章专门予以说明。

逻辑和思维虽然关系很密切，但其实涉及两门学科。逻辑涉及的是逻辑学，逻辑学主要用来指导我们从某些已知条件出发，最终推出合理的结论；而思维则主要是心理学研究的范畴，是在表象、概念的基础上进行分析、综合、判断、推理等认识活动的过程。我把逻辑定义成"从因到果"的过程，而思维是"从果到因"的过程。

管理是为了解决实际问题，出于解决问题的需要，我们大多时候的思维都是从结论开始的。比如我们要解决的问题是如何占领某个市场，于是我们开始思考如何打败这个市场中的竞争对手，那么开始分析竞争对手的优劣势是什么，然后我们一方面要努力去创造于自己有利的因素，另一方面要努力创造对对手不利的因素，而做到这些需要具备哪些条件，因此这些条件就成了"占领市场"这个结果的前提。这就是我们解决问题的思维程序，先有结论，然后再去找前提或理由。这个程序是我们出于实践的需要，要解决问题，必须是这样的程序。

而逻辑的程序却与思维的程序相反，它必须先有前提，才能推出结论。由于大部分听众更容易理解从原因到结论的过程，因此出于听众理解的方便，我们常常运用逻辑进行思维的表述；更重要的，我们还使用逻辑来检查思维的结果。

比如一个三段论："信息化是可以带来优势的，降低成本是可以带来优势的，所以信息化是降低成本。"这样推出的结论是不符合逻辑的，但由于这个结论是部分符合事实的，因此人们就认为结论与前提有必然联系。

再看一个三段论："降低成本是可以带来优势的，信息化是可以带来优势的，所以降低成本是信息化。"显然这个结论是错误的，但很多人不是从逻辑上发现它的错误，而是因为结论的事实错误。

因为思维是服务于实践的，所以要受实践需要的支配，像上面的例子一样，很多时候我们在思维时容易拿事实来代替逻辑，或是拿逻辑来迁就事实，把合乎事实与合乎逻辑混为一谈，错误的建立结论和前提之间的关联，影响我们的决策。

但问题有时候不是那么简单，我在和MBA学员共同学习"战略管理"课程时，对一个组织制定战略的过程，管理学领域存在着不同的观点。

一种观点看上去是从因到果的，以沃纳菲尔特[2]为代表的资源学派，1984年他在美国《战略管理杂志》上发表的《企业资源学说》中认为：企业内部的有形资源、无形资源以及积累的知识，在企业间存在差异，资源优势会产生企业竞争优势，企业具有的价值性、稀缺性、不可复制性以及以低于价值的价格获取的资源，是企业获得持续竞争优势以及成功的关键因素。因此制定战略要围绕着企业的独特资源。

另一种观点看起来是从果到因的，这个观点是基于产业组织理论的，代表人物之一是迈克尔·波特[3]，他于20世纪80年代初出版了《竞争战略》，提出了三种卓有成效的战略，分别是成本优势战略、差异化战略和缝隙市场战略，同时提出了著名的"五力模型"。波特认为公司应视具体情况和自身特点首先选择战略方针，制定出能够获得竞争优势的战略，再围绕战略组织自己的资源和能力来实现目标。

看起来，波特的观点似乎更符合逻辑，它是试图从"成功"这个结论找"资源和能力"这个前提。其实并非如此，因为在"企业成功"与"资源和能力"之间存在着因果模糊。换言之，人们弄不清成功企业的成功原因是什么，它们为什么具有竞争优势和经济利润，其竞争优势和经济利润来自何处，甚至人们都不清楚自己拥有哪些特殊的资源和能力。如果每个组织能将自己成功的原因说清楚，那么它的竞争对手也同样能够弄清楚这一点，他们就能够成功地学习和模仿。一旦这些成功的做法被其他企业成功地模仿，这种资源和能力就不再是该企业特有的了，作为竞争优势就不存在了。

因此，这两种观点的区别其实只是基于解决不同的现实问题，一个是为了解决"我们拥有的资源和能力可以形成什么样的成功",另一个则是为了解决"成功需要什么样的资源和能力"。尽管问题不同,但用来判断的标准是同样的:就是必须清楚"资源和能力"与"成功"之间的逻辑关系。

由此可以看出,正因为现实世界中的前提和结论之间往往存在着复杂性与不确定性,形成某一结论的前提可能是多方面的,也是不断变化的。更重要的是,组织是由大量的"人"组成的,每个个体的知识和经验存在差异,在管理活动中,由于"人"的大量参与,更加大了前提和结论之间逻辑关系的复杂性与不确定性。因此,组织需要不断地"更新"前提和结论之间的逻辑关系,并通过更新后的逻辑关系来不断修正和优化组织的思维方式。每一次更新、修正和优化的过程,也就意味着组织管理创新的机会。

逻辑影响思维,也影响着组织的创新,我把逻辑能力定义为:个体或组织能够依据经验积累和环境变化,具备不断更新不同活动的结果与条件,或结论与前提之间关系的能力。而这种能力,我把它排在管理能力的首位。

注 释

1. 我的父亲赵化侨,中国科学技术大学化学教授。

2. 伯格·沃纳菲尔特(Birger Wernerfelt),哈佛大学工商管理博士。曾任 A/S CREOLE 副总裁,现任麻省理工学院斯隆管理学院管理科学教授,博士委员会成员。1984年在《企业资源基础理论》一文中提出企业是一个资源集合体,企业拥有或者控制的资源影响着企业的竞争优势和收益水平,企业成长战略的实质就是在现有资源运用和新资源培育之间寻求平衡。这标志着企业核心竞争力理论的兴起。

3. 迈克尔·波特(Michael E. Porter),哈佛大学商学研究院著名教授,当今世界最有影响力的管理学家之一。开创了企业竞争战略理论,先后获得大卫·威尔兹经济学奖、亚当·斯密奖,并五次获得麦肯锡奖,出版《品牌间选择、战略及双边市场力量》《竞争战略》《竞争优势》和《国家竞争力》等有影响力的著作。

文章重点

◎ 逻辑是"从因到果"的过程,而思维是"从果到因"的过程。

◎ 拿事实代替逻辑,或是拿逻辑迁就事实,把合乎事实与合乎逻辑混为一谈,错误的建立结论和前提之间的关联,经常会影响我们的决策。

◎ 组织需要不断地"更新"前提和结论之间的逻辑关系,并通过更新后的逻辑关系不断修正和优化组织的思维方式。每一次更新、修正和优化的过程,也就意味着组织管理创新的机会。

延伸阅读

◎《叔本华论说文集》,叔本华著。

◎《我们如何思维》,John Dewey著。

◎《学会提问》,Neil Browne,Stuart Keeley著。

界不是"跨"出来的，而是"连"出来的

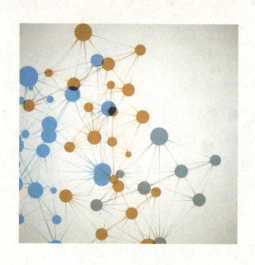

创新不是"跨"出来的，而是"连"出来的，而连接的关键是"接点"，最重要的就是如何确定接点。

我经常被企业高管问到这样的问题：赵老师，我们公司想创新，但技术能力不强，也没有什么高新技术，如何才能创新呢？

Google在2010年收购了摩托罗拉公司的1.7万项专利之后，专利总数接近2万项（截至2012年3月，下同），虽然比起全球专利拥有排名首位的IBM（超过7万项专利）仍有不小的差距，但已经可以排进全球前十位。

于是，我去探究了Google公司的早期专利，找到了可能是Google的首项专利（US 6285999 B1: Method for node ranking in a linked database），或者说是Google的立业专利。该专利申请于1998年1月9日（注：Google公司成立于1998年9月7日），发明者是Google的创始人拉里·佩吉（Lawrence Edward Page）。摘取一段原文如下：

A computer implemented method of scoring a plurality of linked documents, comprising:

Obtaining a plurality of documents, at least some of the documents being linked documents, at least some of the documents being linking documents, and at least some of the documents being both linked documents and linking documents, each of the linked documents being pointed to by a link in one or more of the linking documents.

Assigning a score to each of the linked documents based on scores of the one or more linking documents; and processing the linked documents according to their scores ...

我试着翻译一下：

对于多个链接文档的打分方法，包括：

获得多个文档，其中至少部分文档是被链接的文档，或是部分文档链接其他文档，或部分文档既是链接的文档，也是被链接文档，每个被链接文档都在一个或多个链接它的文档中显示；

基于链接文档的分数给被链接文档打分；根据分数处理这些被链接的文档……

这一段拗口的文字就是Google发家的核心，简单而言，就是根据已知文档的分数和文档的链接情况给其他文档打分，分数越高，文档的价值越高。

纪云[1]在《越来越清晰的微信》（2013年11月发表于《商业价值》）一文中提到："微信意味着更强的连接能力，将一切人、物、钱、服务都连接起来，让人和物、物和物、物和钱、钱和服务、服务和人等等全部连接在一起，连接的范围更广，连接的维度也更多。在由物理世界和互联网世界共同构成的系统里，一个个开放的接口是其中的连接点，以此为中心向各个方向延展，最终组成一张巨大的网。当这张网中的一切都产生连接后，便是一个全新的世界。"

其实，当连接被建立后，改变的不仅是购物，营销流程也将产生深远变化。每一件被卖出去的商品都是带来下一次购买的一个接口，每一个完成的订单也都可能变成促进销售的刺激物。购买行为产生信息，信息又会带来新的购物，"营销"彻底变成了"服务"。当连接变得无处不在并且极为便利时，购物这件事也被彻底改变了，价格不再是网上购物最重要的考虑因素，重要的是方便。

看来，连接不仅能给Google中的文档带来分数的提高，企业还能够通过新的连接带来销量的增长，而且用户与企业间所建立起的连接，还能给企业带来更大的价值，甚至成为企业资产和能力的重要组成，成为一种难以撼动的优势。

当下最时髦的莫过于"跨界"，我因为支持了电视台的节目，对媒体有了一定的了解，又因为研究工作的缘故，与企业的交往较多，常常被朋友们称为"三界动物"，说我在学术界、企业界和传媒界游荡，我因此也觉得自己既不专注，也不专业。而正是这种"不专业"，让我有了更多的视角，这些不同的视角又不断地在我大脑中形成一次次碰撞，激发新的思考。而这些思考，又让我不断尝试搜寻不同业界之间的关联,以便为自己腾挪出更大的空间。而在不同领域的每一次小小的成功,都是得益于建立了关键的连接。

越来越多的企业利用跨界获得了成功,乔布斯把传统播放器与网络连接起来,于是有了iPod;奔驰把汽车与时尚连接起来,于是有了Smart。于是很多观点认为跨界就是创新,殊不知盲目跨界可能风险极高。跨界成功的案例能举出很多,失败的其实更多。事实上,跨界可能能够带来创新,但未必是成功的创新。能够带来成功跨界创新结果的关键,是在不同领域建立了他人难以复制的"连接"。可以这样说:"界"不是"跨"出来的,而是"连"出来的。

既然创新不是"跨"出来的,而是"连"出来的,而连接的关键是"接点",那么看来最重要的就是如何确定"接点"了。企业的创新大致可以分为两种:进入新领域的创新和企业内部的创新。进入新领域的创新可以寻找的接点,包括不同领域间的接点和不同行业间的接点;企业内部的创新主要是不同流程和不同事物之间的接点。而看起来错综复杂的接点,本质上是组织拥有资源的运用,首先是寻找知识的接点,包括理论知识和专业知识,不同领域、行业和流程之间,所运用的知识是否有可以连接之处,从这里出发,建立新的连接;其次是人的接点,人的经验和能力,在不同的领域、行业和流程之间是否存在关联,建立新的连接。为了更好地促进连接的思考和产生,组织还要建立起必要的机制——专门的组织，鼓励沟通的文化，便捷的基于网络和计算机技术的沟通系统。当然，组织还要建立知识库，便于回忆和查找。

还应强调一下，不仅仅是企业需要连接，对于每个人而言，建立连接也是增强自身创新和提升自身竞争优势的关键，把建立连接变成一种生活方式，把每一次的新知识、新经历和新经验同已有的知识和经验连接起来，努力去建立新的关联，不仅有助于新知识和新经验的消化，也许还能够不断碰撞出火花，带来新的思考和机遇。

我们经常感叹：没能早日出生，让我们错失了很多开垦新地的机会，以至于今天，已经几乎没有未开垦的领域了。但也许，连接——没有任何方向限制的连接，将为我们打开一个新天地，让我们在已经开垦的土地上，在立体的空间里，搭建出全新的世界。

注 释

1. 纪云，《商业价值》记者。

文 章 重 点

◎ 连接不仅能给Google中的文档带来分数的提高，还能够帮助企业与用户建立新连接，带来销量增长和价值提升，构建企业难以撼动的优势。

◎ 不同领域、不同行业、不同流程和不同事物之间的连接点，本质上是知识的接点，表现为人的接点。

延伸阅读

◎《六度分隔：一个相互连接的时代的科学》，Duncan J. Watts 著。

◎《链接：商业、科学与生活的新思维》，Albert L. B. 著。

引 论

知识结构与创新

为什么我们需要好的知识结构?在我看来,这个目的应该是:更有效率地了解世界和提高自己,同时提高创新能力。

在上海MBA学员的"战略管理"课程上，和学员们讨论MBA学习的目的。我提到MBA包括EMBA学习的目的之一，就是通过学习，完善自身的知识结构，形成自己的判断和决策模型，进而为创新提供活水源头。

一位学员针对我的观点，提出了两个问题：如何完善知识结构？以及什么样的知识结构才是好的结构？无疑这是个好问题，我答应下次上课会给他答案。于是我带着这个问题，回到了学校，也一直在思考这个问题。我一向认为，对于一个问题的直接思考和回答，绝不是一个好的做法，特别是当考虑要对一个事物或是一个行为进行评估时，则更需要系统的思考。

对于"什么才是一个好的知识结构"这个问题，首先要弄明白的是：为什么我们需要好的知识结构？在我看来，目的应该是：更有效率地了解世界和提高自己，同时提高创新能力。还需要明确的是，知识结构并不是一成不变的，相反，它是不断动态变化的。因此，自身不断优化的能力也同样重要。

先来看了解世界和提高自己——可以看作是同一个过程的两个阶段。了解世界，从我们自身来看，是学习了新的知识；提高自己，则是消化了知识，达到能够运用的阶段。

再从提高创新能力来看，任何创新都需要idea，需要灵感，需要学科交叉或不同知识的"跨界"连接，等等。所有这些，源头上都离不开必备的知识结构。

就创新的路径而言,目前主要有两种方式:科学发现和技术发明。科学发现指的是运用科学思维并根据已有信息,发现新的科学事实,揭示科学规律,提出新的科学理论或创造过程。技术发明指的是人类运用自然规则创造出前所未有的某种人工事物。我个人认为,发明看上去似乎是新事物,其实它与已存在的事物之间,一定在深层次的知识层面,存在着某种关联,我们正是运用这种关联,在与希望实现的具体目标(技术发明往往是为了解决一个具体问题,有着明确的目标)之间,构建了新的关系,于是就有了发明。

因此,无论是科学发现,还是技术发明,都是找到了客观世界物质之间的新的关系,而最重要的是,无论我们找到与否,这个关系早已客观存在。正如恩格斯在《反杜林论》一书中提到:"人们远在知道什么是辩证法以前,就已经辩证地思考了,正像人们远在散文这一名词出现以前,就已经在用散文讲话一样。"

可见,人的强烈的实践需求和实现目标的愿望,促使其所拥有的知识系统必须积极参与,在不同实践需求和目标驱使下,对支撑满足需求或实现目标的不同知识进行重新配置,就像为了生产不同的产品,必须使用不同的原材料进行组合一样。这种资源配置不断发生变化的过程,往往表现为不同知识配置比例的变化,以及因此带来的配置方式和方法的变化,这些变化都可能促使新的创新产生。

基于知识结构的目的分析和创新的需要，我们可以得出一个好的知识结构需要具备的特征是：有利于快速接受和消化新知识，并与原有知识融合；能够针对不同的实践需求和目标，易于快速组合、配置知识；知识结构还必须能够不断实现自身的优化。

那么，一个好的知识结构应该是什么样的呢？困扰我的，正是这个问题，如何来描述一个好的知识结构呢？直到我把我的软件服务外包知识和知识结构联系起来，我似乎找到了答案。

我想介绍的是CMMI(Capability Maturity Model Integration)，即软件能力成熟度集成模型，其本质是通过采用能力模型，帮助软件企业对软件工程过程进行管理和改进，增强开发与改进能力，从而实现高效率、高质量和低成本地开发软件。

如何构建CMMI呢？首先将组织已完成的软件项目，围绕着不同的解决目标，进行模块化。这样就可以针对新的软件项目，利用已经根据不同实现目标完成了模块化的程序，重新组合，更高效率和低成本地实现新的目标。与此同时，根据每一个新的目标的完成情况，不断对模块进行优化。CMMI就是检验一个软件组织是否具备了这个能力，以及能力的水平。

CMMI共分为5级，由低到高分别定义为：初始级、可管理级、已定义级、量化管理级和优化管理级。每个等级的具体定义如下：

初始级:对过程几乎没有定义,过程是无序的,甚至是混乱的,成功取决于个人努力。管理是反应式的。

可管理级:建立了基本的项目管理过程来跟踪费用、进度和功能特性。制定了必要的过程纪律,能重复典型工作产品集:定义关键过程域中执行方法时候产生的工作产品。

已定义级:已将软件管理和工程两方面的过程文档化、标准化,并综合成该组织的标准软件过程。所有项目均使用经批准、剪裁的标准软件过程来开发和维护软件,软件产品的生产在整个软件过程是可见的。

量化管理级:分析对软件过程和产品质量的详细度量数据,对软件过程和产品都有定量的理解与控制,能够在定量的范围内预测性能。

优化管理级:过程的量化反馈和先进的新思想、新技术促使过程持续不断改进。

根据上面对不同等级的定义,在对过程的具体评估中,一般包括三个方面:"Required"(必需)、"Expected"(期望)、"Informative"(提供信息)。

根据上面对不同等级的定义,在对过程的具体评估中,一般包括三个方面:"Required"(必需)、"Expected"(期望)、"Informative"（提供信息）。

"必需"指的是目标，代表了过程改进想要达到的最终状态。当一个目标对应一个关键过程域（也可以理解为流程集合），就称为"特定目标"；对应整个关键过程域就称为"公用目标"。整个CMMI模型包括了54个特定目标，每个关键过程域都对应了1~4个特定目标。每个目标的描述也都是非常简洁的。

"期望"指的是方法，是达到目标的实践手段。每个方法都能映射到一个目标上，一个方法当对一个目标是唯一时就是"特定方法"；而能适用于所有目标时就是"公用方法"。CMMI模型包括了186个特定方法，每个目标有2~7个方法对应。

针对"提供信息"，CMMI包括10种：

目的：概括和总结了关键过程域的特定目标；

介绍说明：介绍关键过程域的范围、性质和实际方法和影响等；

引用：关键过程域之间的指向是通过引用；

名字：表示了关键过程域的构件；

方法和目标关系：关键过程域中方法映射到目标的关系表；

注释：注释关键过程域的其他模型构件的信息来源；

典型工作产品集：定义关键过程域中执行方法时候产生的工作产品；

子方法：通过方法活动的分解和详细描述；

学科扩充：对应特定学科的扩展；

公用方法的详细描述：关键过程域中公用方法应用实践的详细描述。

终于，一个好的知识体系，基本呈现在我们的面前了：

第一，你的知识必须是概念性的，同时与之对应着一个描述该概念的集合，主要包含三个方面的内容：目标、流程和控制。

第二，概念间是彼此关联的。

于是，如何评估知识体系，也就显而易见了：你的知识是否是以概念及描述集合形式存在的；针对每个概念的描述的准确程度；概念的数量是多少；概念间关系网络的复杂程度。

由此可见，只有具有了高度准确、联系紧密的概念集合，才有可能高效地消化新知识，形成新观念，诱发创造性思维；而这些概念一般存在的方式，包括按照逻辑关系建立的微观结构和在此基础上建立起来的以主题为中心的宏观结构；更重要的是，知识是以流程化和程序化知识的形式存在的，而不是以陈述性知识形式存在的。具备了这些，知识结构才会更加合理，知识的质量才会越高，创新也就顺理成章地更容易实现。

对个体如此，对组织又何尝不同样如此？

文章重点

◎ 对于一个问题直接思考和回答，绝不是一个好的做法，特别是当考虑要对一个事物或是一个行为进行评估时，则更需要系统的思考。

◎ 一个好的知识结构需要具备的特征是：有利于快速接受和消化新知识并与原有知识融合；能够针对不同的实践需求和目标，易于快速组合配置知识；知识结构还必须能够不断实现自身的优化。

◎ 一个好的知识体系包含两个部分：第一，你的知识必须是概念性的，同时与之对应着一个描述该概念的集合，主要包含三个方面的内容：目标、流程和控制；第二，概念间是彼此关联的。

延伸阅读

◎《Integrating CMMI and Agile Development: Case Studies and Proven Techniques for Faster Performance Improvement》，Paul E. McMahon 著。

◎《知识生产的新模式：当代社会科学与研究的动力学》，Michael Gibbons, Camille Limoges 著。

"翻译"决定创新

当前高校的成果转化很容易产生一种错觉，似乎研究成果没有形成价值的原因都是缺钱，似乎找到投资成立一家公司，通过生产销售，就能最终获取利润，获得成功。

创新和创业作为区域发展的驱动，正越来越被各地政府所重视，随之而来的是越来越多的创业大赛，电视里也热播着创业比赛，邀请了成功人士，设置了巨额奖金，吸引越来越多的人通过大赛获得投资人的认可和初始的资金支持。

我担任班主任的管理学院首届精英班[1]的学生们也不能免俗，他们热衷于参加各种不同的创业大赛，联合其他学院的同学，组成了好几支队伍。可能是因为我与企业接触较多的缘故，同学们都想让我帮他们提提建议、出出主意。于是我看了几个队的项目，共性的感受就是商业模式过于简单，都是找一个专利项目，找到投资，成立一家公司，通过生产销售，最终获取利润。

不仅精英班的同学热衷于各类比赛，寻找项目也成了EMBA的企业家们到高校读书的目的。他们非常关注学校里老师们的科研成果，希望通过与老师的接触，寻找与各自企业未来发展相关的研究成果，为企业的创新尤其是增加企业的科技基因提供源泉。出于这个原因，每届EMBA学员都成立了投资公司，希望与老师们的研究成果对接。

看了这些现象，很容易产生一种错觉，似乎研究成果没有形成价值的原因都是缺钱，高校有了研究成果，甚至申请了专利，只是因为没钱去成立公司，所以精英班的学生也好，EMBA的学员也好，都是为成果找资金。好像有了投资，成立了公司，一切问题就迎刃而解了。其实成果转化这件事，远远不是缺少资金这么简单。

在日本做研究的时候，研究室里有很多的社会人博士，所谓社会人博士，基本上都是企业的高管，尤其以部长级的人员居多。在日本企业升到部长级，大部分人的年龄都在50岁上下了，如果这些部长们到了60岁还没有爬到最高层，担任董事之类的职务，就必须退休。但由于日本人很长寿，大部分部长们60岁退休后其实仍具备工作能力，主观上也希望继续工作赚钱，这时候对他们而言，退休后到高校教书是一个最好的选择。一方面在日本，教师是一个社会地位很高的职业，非常受人尊重，很有面子；另一方面能够发挥部长们的特长，把他们长期积累的管理工作经验和人生阅历分享给年轻人，很有成就感；更重要的是，大学教师的工作时间相对比较有弹性，除了上课之外，基本没有严格的出勤时间要求，这也比较符合年长人的特点。毕竟任何一家企业，能够最终成为董事的部长都是少数，因此很多日本企业的部长们，从当上部长的那一天起，就开始琢磨起自己的博士学位这件事儿了。既然有了这样的需求，日本的大学量身度造设计了社会人博士的项目。

　　日本的企业，对部长上学这件事都是支持的，除了更新知识之外，部长们退休后有个好归宿可能也是企业愿意看到的吧。不过在我研究了日本的创新特点之后，发现这种安排其实是促进日本创新的重要因素。

　　高校的科研成果，绝大部分是实验室的基础研究，这些研究与实际应用距离很遥远，往往越是先进的研究，越是基于物质世界普遍性的研究，距离实用也就越遥远。如果一项基础研究成果希望应用于实践，研究和实用之间的连接就非常重要。连接包含两个方向：一是从研究成果到企业实际需要的方向，研究可能是非常共性的，企业实际需要往往又是非常个性化的，因此需要共性到个性，也就是从普遍性到特殊性的连接；另一个是从企业实际需求到研究的方向，从特殊性到普遍性的，需要先从企业实际需求中提炼出科学问题，再交给研究人员展开研究。现实情况是无论是从普遍性到特殊性的路径，还是从特殊性到普遍性的路径，科学家和企业家都无法独自完成。需要一个中间的角色，我把这个中间的角色称为"翻译"。能够充当"翻译"的人，要能够兼具两个视角，既熟悉科研的特点，又了解市场的需求。美国的研究人员一般同时兼具科研经历和企业工作经历，在两个领域均有长期的工作经验和积累，两种类型组织间经常进行角色转换的情况也比较多。与美国不同，其他大多数国家的研究人员和企业之间，"翻译"的这个角色往往不可或缺。

举一个实际的案例，一位老师开发了玻璃发电的技术，主要原理是通过夹胶玻璃中间的透明涂层，折射太阳光到安装在玻璃侧面的薄膜电池，产生电能。较之以往技术的突破，主要在于之前的涂层是不透明的，光线无法透过，不宜用于窗户，新技术解决了这个问题。

这个案例的关键是价值点的定位和价值的受益主体，因为这将决定成果转化的产品研发方向。与很多投资人关注节能和发电不同,我关心的第一个问题是发电量,这很好计算,发电量是由光照和薄膜电池的面积决定的,考虑到折射效率和玻璃厚度,发电量有限;第二个问题是如何使用电能,考虑到窗户的安装与电路安装并不同步,由于建筑施工的特殊性,企图改变施工次序难度较大。基于以上原因,这项技术的成果转化方向,如果去追求发电量和能源提供不太现实,受益主体的选择也不能是用电者。所以结论是其价值点并非提供电能的使用,而应定位于自发自用——自身发电、自身使用。电能只能用于提高窗户的功能,在窗户本身实现差异化,如下雨时利用电能自动关闭,或是能够实现自清洁等。

可见,一项技术的成果,如果不能准确判断其价值定位,将会给成果的应用带来极大的不确定性,或是成本高企,或是劳而无功。正因如此,技术商业化过程中,连接成果和应用的"翻译"的重要作用不言而喻。在"创新将是未来发展引擎"的理念已经成为共识的当下,若想提高创新效率,我们需要越来越多的"翻译"。

注 释

1. 管理学院精英班:2011年创立,招收中国科学技术大学本校除管理学院之外的其他学院大一学生,采取"1+2+1+1"本硕贯通联合培养模式。学生在中国科学技术大学其他学院修1年基础课,选拔进入管理学院修2年本科课程后,第四年赴台湾辅仁大学修读1年本硕课程，完成学业后获中国科学技术大学本科文凭；第五年再赴美国纽约州立大学石溪分校研修研究生课程，完成学业后获美国纽约州立大学石溪分校硕士学位。

文 章 重 点

◎ 越是先进的研究，往往越是基于物质世界普遍性的研究，距离实用也就越遥远。如果一项基础研究成果希望应用于实践，研究和实用之间的连接就非常重要。

◎ 无论是从普遍性到特殊性的路径，还是从特殊性到普遍性的路径，科学家和企业家都无法独自完成，需要一个能够兼具两个视角的中间角色。

◎ 一项技术的成果，如果不能准确判断其价值定位，将会给成果的应用带来极大的不确定性，或是成本高企，或是劳而无功。

延 伸 阅 读

◎《技术的本质：技术是什么，它是如何进化的》，W. Brian Arthur 著。

◎《创新者的窘境》，克莱顿·克里斯坦森著。

产业管理思维创新

- 管理中的认知与行为
- 创业"赵不赵"之创业评估
- 量化、固化和文化
- 从管理认知与行为的关系探讨企业培训的组织
- 管理的艺术就是"形"的再造
- 细节连接执行 "越位"连接协同
- 有一种境界叫补位
- 喝彩、陪伴和自我服务——团队建设的三大法宝
- 制造、标准和匠人
- 客户体验到底是什么?
- 体验——为你在客户心中画像
- 客户体验的层级
- 企业如何成为客户体验的赢家
- 「白头偕好」or「同床异梦」
- 企业与人生

产业管理思维创新

管理中的认知与行为

知与行之间到底有没有其他流程？如果有的话，又存在什么样的流程呢？

明武宗正德三年（1508年），王守仁[1]，也被学者称为阳明先生，在贵阳文明书院讲学，区别于朱熹[2]和陆九渊[3]所主张的"知先行后"，首次提出"知行合一"。所谓"知行合一"，包括两层意思：首先是"知中有行，行中有知"；知行是一回事，不能分为"两截"；其次是"以知为行，知决定行。"王守仁说："知是行的主意，行是知的工夫；知是行之始，行是知之成。"意思是说，认知是行为的指导，行动则是达到"良知"的工夫；在认知基础上产生的意念活动是行为的开始，符合要求的行为是"良知"的完成。在知与行的关系上，王守仁强调要知，更要行，知中有行，行中有知，二者互为表里，不可分离。知必然要表现为行，不行则不能算真知。他强调："只说一个知，已自有行在；只说一个行，已自有知在。"知行是一个功夫的两面，知中有行，行中有知，二者不能分离，也没有先后。与行相分离的知，不是真知，而是妄想；与知相分离的行，不是笃行，而是冥行。

古人争论的实在有趣，在我看来，两种学说争议的焦点，其实是时间周期的设定，若从现代管理学的角度来看，知行不可能是同时完成的，如果我们非要选取一个时间周期来测量的话，时间周期选得长，就是王阳明强调的"知行合一"；时间周期选得短，那就是"先知后行"了。就好像拿地球的存在作为时间周期，一个人的生死可以认为是同时发生的，如果用100年作为周期，那生和死就有明显的先后了。当然，这是戏语。我的研究兴趣之一是流程管理，既然有先后，就一定存在着流程。那么，知与行之间到底有没有其他流程？如果有的话，又存在什么样的流程呢？

我的一个学生，同时也是百货公司的总经理，请我去给他所有的员工培训顾客服务的重要性。在授课中，我传递了很多管理理念，得到了所有高管和员工的高度认可，都认识到了顾客服务的重要性。课程结束时，恰逢"五一"长假的销售旺季，总经理当着我的面布置工作，他说："各位，又到了销售旺季，大家记住：因为人太多，顾客要看一样东西，你们要先判断他是不是会买，不像要买的就不要给他看，避免货物丢失！"我在旁边听着他的话，顿时目瞪口呆，怎么刚刚在培训中大家都强调顾客服务，一到了实际工作，马上回归本来，还是按照既有的方式行动？

看来，认知与行为之间确实存在着巨大的鸿沟，需要建立起连接两者的桥梁。那么，连接认识和行为之间桥梁的支撑，或者说桥墩，应该是什么呢？我认为至少存在着五个阶段：知道、学到、悟到、做到、布道。

小时候，我们受的教育是：长大了要攀登科学高峰。其实攀登高峰一说，可能主要指自然科学，因为自然科学领域，一般是先基础，再高级；先学初等数学，再学高等数学。而在社会科学领域，看上去往往只像隔了一层纸，一捅即破，一听似乎就明白了。但社会科学的难度不在于知道，而在于最终做到。即使知道了一件事，认可了一件事，但可能穷其一生，都无法做到。

"知道"，往往只是认知的开始，就像摸到了衣服的皮毛，但你还身处其外。正所谓武学中的手中无剑,眼中有剑。

"学到",可能是你穿上了这件外衣,别人可能一看这就是你,其实你自己知道:衣服是衣服,你还是你。正所谓武学中的手中有剑,心中无剑。

"悟到",你已经找到了切入点和结合点,衣服与你已成一体,但仍未抵达内心。正所谓武学中的手中有剑,心中有剑。

"做到",你穿不穿衣服,都可以按照衣服象征的角色思考问题。正所谓武学中的手中无剑,心中有剑。

"布道",你已经可以帮助别人找到切入点,帮别人穿上衣服。这就达到了人剑合一的境界。

在管理中,我们培训的目的是希望让员工能够"做到",但常常只帮助员工"知道",就误认为他们可以"做到"。甚至认为他们还可以培训别人,真是滑天下之大稽。但面对这样复杂的认知到行为的流程体系,无疑意味着巨大的成本投入。公司,作为一个商业组织,不得不考虑投入产出效益,针对不同层级的员工,采用合适的方式,才能达到目的。

注 释

1. 王守仁(1472~1529),字伯安,号阳明子,故又称王阳明。中国明代最著名的思想家、哲学家、文学家和军事家。

2. 朱熹(1130~1200),字元晦,号晦庵。宋朝著名的理学家、思想家、哲学家、教育家、诗人。

3. 陆九渊(1139~1193)，字子静，号象山。南宋著名理学家、思想家和教育家。

文章重点

◎ 认知与行为之间存在着巨大的鸿沟，连接认识和行为的过程存在着五个阶段：知道、学到、悟到、做到、布道。

◎ "知道"——手中无剑，眼中有剑。

"学到"——手中有剑，心中无剑。

"悟到"——手中有剑，心中有剑。

"做到"——手中无剑，心中有剑。

"布道"——人剑合一。

延伸阅读

◎《王阳明大传：知行合一的心学智慧》，冈田武彦等著。

◎《中国转向内在：两宋之际的文化转向》，James T. C. Liu 著。

创业"赵不赵"之创业评估*

关羽和张飞解决问题的能力都很强,强到可以解决一次战斗的胜负,但为什么要有孔明呢?

---

* 题解:"照不照"是江淮一带的方言,意思是"行不行",本文标题中的"赵"谐音通"照"。

产业管理思维创新

创业，是当下最火热的话题。坊间热议，媒体追捧，政府关注。其实我一直觉得创业是很艰苦的事，这个艰苦，一方面是创业者苦。冯仑[1]先生写的一篇文章中提到，中国早期企业家仅有2%的成功率，可见成功的艰难。当然现在形势和环境有所不同，参与的人多了，关心的人多了，也许对成功率提升会有所帮助。艰苦另一方面的苦，是针对投资人的。投资人当然希望所投团队获得成功，企业成功则名利双收，大家都可以分一杯羹，既分享成功的喜悦，也分享成功的钞票。问题是成功率那么低，对成功的预测就苦恼起来。估计即便是政府也很苦恼，上报成立创业公司的数据显然说服力不够，最好能有更多的成功案例，因为创业成功是个花时间的事，不是一蹴而就的。可见创业确实不是一件容易的事。我是个凡人，既不想受创业之苦，又想跟着成功者喝口汤。于是就只好在预测上下下工夫了。

什么样的创业成功的可能性更大？这个问题困扰了我很长时间。有次我被邀请做合肥与香港联合举办的"合港创业大赛总决赛"的评委，在现场针对每个入围队伍，把我对创业企业的判断，表述了一番。赛后不少朋友向我询问，于是从中选了两点，成此小文。

其一，创业团队的后续能力是我评估创业的首要因素。

其二，资源的使用能力是创业评估的另一重要方面。

以下略作说明。

2015年恰逢反法西斯胜利70周年,9月3日我国举行了盛大的阅兵仪式,我无缘到现场观看,只有在电视上一饱眼福。除了电视台直播阅兵,我最喜欢的纪录片频道近期也播放了大量的二战纪录片。其中一部讲述了二战中美国对日本的战斗过程,从中途岛海战这个转折点说起,讲述了先后占领塞班岛、硫磺岛和冲绳岛的过程。这些岛链的战斗,其中一个目的就是通过岛屿的占领,不断逼近日本本土。硫磺岛距日本1000多公里,可以实现战斗机护航轰炸机,对日本本土实施轰炸,打击日本人的信心。冲绳岛距日本本土则只有500公里,可以进行更频繁的轰炸,炸一下回来做个茶歇,可以再来一圈。但是,日本对于岛屿的重要性,也是洞若观火,派驻重兵扼守。因此每一个岛屿的占领,美军都付出了沉重的代价。仅以冲绳岛为例,由于冲绳岛战略位置太过重要,一旦美军占领,日本本土即门户大开,因此双方均投入重兵,该次战役在英文中被称为"Typhoon of Steel",在日文中被称为"鉄の雨",均与中文"枪林弹雨"的意思类似,可见战斗之激烈、火力之密度。据史料记载,该战役是二战太平洋战争中作战双方伤亡人数最多的战役。日本超过10万人死伤,盟军人员伤亡亦超过8万人,加上岛上居民,面积仅1200平方公里的冲绳岛,超过25万人伤亡。

　　岛屿作战分为两个过程:占领滩头和占领全岛。美军基本采取狂轰滥炸后部队登陆,然后向纵深展开。基本而言,由于美军制空制海权优势明显,滩头占领非常轻松。但纵深展开后代价巨大,由于日军占据冲绳已久,对地形非常熟悉,在要冲之处均构筑工事，因此美军每一寸的前进，都是以血肉之躯拔碉堡和扫雷为代价换来的。

其实创业的过程与此类似，进入一个新的市场就像占领一个岛屿，首先抢下滩头阵地，然后向纵深展开。抢滩可以集中所有兵力，还能借助外力。创业团队经过精心准备，准备好人力物力，研发了新产品；同时外部融资，筹集大量资金，好像冲绳战役中的军舰火力和空军轰炸，利用汇集的资源，一举占领滩头，打开局面。但是之后的纵深展开，就必须分兵作战，外部力量能够提供的帮助也开始变得有限，必须依靠单兵或小分队的能力了。同时，由于行业内的企业经营已久，均有各自的根据地，每个细分市场的竞争难度也随之变大。

因此，对于创业项目的评估，不在于早期资源的汇集，更在于后续能力的积蓄。很多创业团队都把上市作为发展目标之一。我一向认为，上市是投资人的诉求，因为上市首先意味着退出的便利性大大提高，而投资人大多是以投资回报为主要目的，特别是目前投资主体大多以基金形式为多，这种委托代理机制使得基金管理人相对追求短期收益。团队把上市作为目标，如果是为了迎合投资人的心理，完全没有必要，投资人会为自己找到退路，但无论什么样的退路，都取决于企业的运行状况。企业的持续发展和盈利能力，是企业运行、人才募集和投资人获利的根本。

因此说，创业团队的后续能力是我评估创业的首要因素。

至于资源的使用能力是创业评估的另一个重要方面。来看总决赛上的一个项目，团队成员都很优秀，但是项目本身的定位很不清晰。我是这样点评的：你的团队非常豪华，但缺少了一个重要角色，即产品规划。汇报人以为我没注意到他的团队中设置了一位擅长产品设计的总监，马上向我展示该成员的介绍。我进一步说明，这位成员的角色只是更具体的产品设计，并不是我说的产品规划，我所谓的产品规划，更准确的定义是"价值规划"，是创业团队的价值定位。这种情况在很多拥有较多资源的团队中比较多见，每个成员都很厉害，不仅能力出众、经验丰富，还各自拥有很多资源。在这种情况下，如何把所有成员的能力和资源汇聚到一点上，就显得尤为重要。举个形象的比喻，美军打算登陆岛屿，连登陆点都没搞清楚，或者把登陆区域选得太大，军舰的炮弹打到东面，飞机的投弹落到了西面。这样打，别说之后的纵深展开了，估计滩头阵地都打不下来。

产品规划，从某种意义上而言，就是确定登陆点。岛屿作战如此，市场进入亦如此。解决问题的能力固然重要，但必须知道解决什么问题才是核心问题！更重要的，这个核心问题的解决过程是团队达成共识的过程，更是确定带头人的过程。关羽、张飞解决问题的能力都很强，强到可以解决一次战斗的胜负，但为什么要有孔明？因为首先需要解决核心问题，决定该不该打、该先打哪的问题。没有这个共识，团队出现问题是迟早的事。

在资源较为丰富的创业团队中，产品规划，或者说是价值规划，是个基本纲要，可以用来解决发展中的争议，解决团队成员的不同意见。因此，我把这一点同样作为创业评估的重要因素。

一场比赛点评下来，有人劝我：赵老师，你这样打压式的点评，把他们创业的信心都整没了！我回答：创业是个艰苦活，以后的日子难熬着呢！我泼点冷水就让他们退却了，说不定对他们也是好事呢！

注 释

1. 冯仑，中国企业家俱乐部理事，万通控股董事长。

文 章 重 点

◎ 创业是件比较艰苦的事。

◎ 创业项目的评估，不在于早期资源的汇集，更在于后续能力的积蓄。

◎ 企业的持续发展和盈利能力，是企业运行、人才募集和投资人获利的根本。

◎ 价值规划是基本纲要，更是创业评估的重要因素，可以用来解决发展中的争议，解决团队成员的不同意见。

延 伸 阅 读

◎《精益创业：新创企业的成长思维》，Eric Ries 著。

◎《日本帝国衰亡史：1936-1945》，John Toland 著。

管理思维跨界创新　　052

量化、固化和文化

为何你的客户和员工都渐渐离你而去？你的活法到底出了什么问题？

梁启超[1]曾经把中国变革的心理动力的演化分为三个时期：第一时期是从器物上感觉不足，第二时期从制度上感觉不足，第三时期从文化上感觉不足。感觉器物上的不足，出现了洋务运动；感觉制度上的不足，发起了戊戌变法；当这些变革都不能解决问题时，才意识到人本身才是最需要改变的。所以梁先生总结到：近代中国历史发展的脉络是一个从外到内，即从外在的器物、外在的形式向人的内心不断进发、不断改造的过程。

以下是我和一位EMBA企业家学员的一段对话：

我：为什么来上学？

员：因为想把企业做大做强。

我：这事吧，我们办不了……

员：那你们能办什么？

我：尽量让你们的企业活长点，其实吧，这事也挺难……

员：怎么活？

我：……

与学员对话的最后，我陷入沉默。其实与学员相处得越多越深入，我深知很多同学来上学的原因确实是企业碰到了问题，可能尚不会马上致命，但是似乎已经到了天花板，找不到了发展的方向。越是优秀的企业，一旦停滞不前，就会产生一种心理的恐慌，这种情绪会很快地蔓延开来，给企业以致命的伤害。还有一类企业，经过了相当长时间的高速发展，企业家也意识到高速发展掩盖了一些问题，希望趁着宏观环境的调整期，解决遗留问题，但又不知道该从何下手。还有一些企业，看到了信息技术和网络技术的发展，希望搭上这轮潮流，却找不到契合点。于是，我开始思考一个问题：活，还是需要一个活法；怎么活，才能活得更长？

首要问题是必须搞清如何判断企业的成长阶段。我的管理理念一向是，要评估一件事物，必须首先选择指标。围绕成长阶段，我提出了"三化"指标：量化、固化和文化。

"量化"，泛指一切与企业运行相关的数据；量化程度指的是企业对于运行数据的记录程度。对弈，对两个棋手而言是个消耗的流程，他们的消耗让观众得到了学习和欣赏的机会；而复盘（指对弈后两位棋手重复比赛每一步，并相互探讨），是棋手自身学习和提升的过程。因此，对棋手而言，复盘的重要性远高于对弈过程，但复盘可以实现的前提，是对整盘棋每一步的记录，没有了这个记录，复盘就无从提起，棋手也就没有了交流提升的机会。早先在棋盘上下棋，旁边除了裁判，必须安排1~2人专门记录；现在很多人在网络上下棋，而计算机会自动记录下每一步，提高了记录效率。因此,对企业而言,有没有专门的记录角色,或者能否运用信息化手段实现自动记录,是量化水平高低的体现。那么是否棋手复盘后,这个数据就没用了?往往不是,经常是过了一段时间后,棋手会再次拿起这个记录,因为棋手水平变化了,对这个过往数据又会有新的理解,甚至是新的收获。一个数据,因为研究者自身水平的局限,能够挖掘的信息是有限的,保留这个数据,等待水平的提升,数据可能会带来更高的收益。因此,"量化"这个一级指标下面至少还应该存在以下子项:记录角色、记录效率、未来使用可能(未来使用已经涉及知识管理的范畴,包括分类、关键词设置等等)。

"固化",顾名思义,就是把很多东西固定下来,在管理中往往指行为的改变和习惯的养成。运行数据有了,就必须总结、分析;发现了问题,就必须找到解决方案;有了解决方案,还需要人去实施执行。但是人是有惯性的,改变已经形成的习惯往往不容易,团队和组织的惯性更大,改变起来更困难。很多时候,不仅要改变个体习惯,还有可能需要改变流程。最好是在习惯还没养成时,就能发现问题;或是小步快走,提高发现问题的频度。更重要的是,对数据分析总结后,往往会指导数据收集的方式和方法,使数据收集的成本降低,更好用、更易用,并使之固定下来。这同样也是"固化"的范畴。我常对企业管理人员说,看看你们使用的表单,就知道你们管理水平的高下,其缘由就是"固化"会指导"量化",使得量化的效率更高。固化实现的方式,可能有制度，可能有激励手段，还可以运用信息化，因为信息化的特点之一，就是"六亲不认"，用来固化行动和流程，再适合不过。看来，"固化"的子项至少包括：总结频度、流程弹性、组织制度、激励方式，当然还包含信息化水平。

如果说前两个指标主要定位在组织内部的话，"文化"这一指标已经横跨组织内外。对内，形成组织价值观，解决的是思想改变和理念改变的问题。量化体系和固化体系的运行成本往往较高，如果不能形成员工主动地、自觉自愿地参与甚至创新，这两个体系的运行往往难以为继，无疾而终；对外，形成品牌价值观，解决的是客户引导和客户筛选的问题。

信息技术和网络技术的发展，使得信息送达客户的成本大大降低，但获得客户的难度大大提高。由于客户获得的信息量太大，赢得客户靠的早已不是信息本身，而是要靠能否帮助客户过滤信息。换言之，谁帮客户建立了信息过滤器，谁才能真正获得客户。那些总在埋怨客户流失太快的企业，其实问题在企业自身，因为你没有帮助客户建立起有利于你的、可以过滤掉竞争对手信息的过滤器。客户很容易被其他信息干扰，自然容易流失。那么，最好的过滤器是什么？是共识！或者说是相同的价值观！只有建立了共识，包括组织内部的员工和组织外部的客户，他们才不容易被其他信息干扰甚至引诱而离你而去。当然，你必须面对一个现实：不是所有的能力强的人都与你有共识，成为你的员工；同样，也不是全部有需求的客户，都能成为你的客户。价值观本身也是个过滤器,它的包容性越强,你的获得也就越多。

依据上述我提出的"三化"评估体系,可以来谈谈企业的成长了。文化、固化和量化,在每个企业都必须存在,缺少任一要素,都会对企业的成长产生影响。当然,不同的发展阶段,由于能力和成本的考量,侧重点也有所不同。初创的企业,更侧重"量化"能力,当然这时的量化能力也是不完善的,关注的主要是经营性的数据,运用数据主要也是为了短期收益。而一旦发展壮大,"固化"的作用就开始显现,不能把好的经验尽快复制,或是低级错误不断重复发生,或是不能提高量化的效率,企业的成长就无从谈起,甚至导致企业的失败。企业继续发展长大,"文化"的作用就来了,因为员工参与的主动性提升,文化使得组织内部固化的效率更高,同时使得外部客户获得的效率提升,建立品牌壁垒,客户流失下降,整体竞争力提升。

成长中烦恼,烦恼中成长。说了这么多,总算可以说说"活法"了:量化致"立",固化致"率",文化致"续"。"量化"做好了,至少可以站住脚跟,解决初创期的生存问题;"固化"做好了,管理效率就会提升;"文化"做好了,也就有了延续的能力和价值。到了这个时候,死,也不是一件容易的事啦!

注 释

1. 梁启超(1873~1929),字卓如,号任公,中国近代思想家、政治家、教育家、史学家、文学家。

文章重点

◎ 评估组织成长阶段的"三化"指标:量化、固化和文化。

◎ 量化,泛指一切与企业运行相关的数据;量化程度指的是企业对于运行数据的记录程度。

◎ 固化,指管理中行为的改变和习惯的养成。

◎ 文化,对内,形成组织价值观,解决的是思想改变和理念改变的问题;对外,形成品牌价值观,解决的是客户引导和客户筛选的问题。

◎ 赢得客户靠的不是信息本身,而是能否帮助客户过滤信息。

延伸阅读

◎《饮冰室合集》,梁启超著。

◎《精益创业:新创企业的成长思维》,Eric Ries著。

产业管理思维创新

从管理认知与行为的关系探讨企业培训的组织

大多数企业中,对正向过程的培训工作居多,但对逆向过程的培训安排往往欠缺。看上去培训组织得轰轰烈烈,但由于员工认知能力和消化能力的缺乏,往往效果不够明显。

给 EMBA 学员上了很久的课，一直很想了解一下他们学习的效果，终于有一天，一位学员邀请我参加他们的例会，我欣然应允。

会上部门经理们依次打开 PPT，汇报完自己的工作，老总打开了自己的 PPT，开始说话了，首先介绍了迈克尔·波特的理论，然后是德鲁克的理论，俨然成了一场培训课。会后这位老板问我觉得这个会开得如何？我先说："大家的 PPT 做得不错。"老板得意洋洋地说："这是我上学后给公司的新要求。"我接着说："那你在这个会议上的讲话的目的是什么呢？"他说："工作就是培训，培训就是工作，你看，我给他们传递了管理的思想，来指导他们的工作。"于是我又问："那么，工作和培训的关系又是什么呢？"他回答不出来了。我突然有了深深的忧虑。

我在和企业家们交流时常说，他们的培训费有一大半是打了水漂，原因是培训的目的没有达到。培训的目的是什么呢？按照明茨伯格[1]的观点，管理教育、管理培训和管理开发是管理发展的三个阶段。管理教育一般是大学课堂里完成的，重点在理论学习；而管理开发则是在岗位上完成的，重点在完成工作目标；管理培训则是介于两者之间，重点在改变员工的行为和提高完成工作的能力。其实不仅培训的目的是改变行为，教育的目的之一也是改变被教育者的行为。因此我们常常混淆了这两者的差异，把培训员工变成了教育员工，把上课变成了培训。虽然上课是培训的一种形式，但这两者有着本质的不同。

针对员工的理念与行为的关系，我们有一个隐含的假设，就是：不同的理念会有不同的行为。但理念和行为到底是充分条件、必要条件，还是充分必要条件？也就是说，是理念决定行为，还是行为改变理念？似乎没有定论。因此，改变员工的行为可能有两种方式：一种是主动式的，先改变理念，包括思想和思维方式，再通过内化，最终达到自主改变行为的目标；另一种是被动式的，更加功利一点，通过对具体行为的直接修正，先让员工被动地固化新的具体行为并形成习惯，再反过来影响理念，最后主动接受行为的改变。当然，很多时候我们的做法并不是孤立的，可能是以上两种形式的组合，从教育的角度，可能更倾向于前者，主要目标是改变理念，辅以部分行为的纠正；但从培训角度而言，基于成本的考量，可能更多的是先做行为的改变，尽可能地影响理念，但不把理念的改变作为首要目标。

但在组织这个约束条件下，还有一个要素必须纳入考量范畴，那就是成本。企业作为一个商业组织，投入产出比是一个重要指标。投入的产出效果如何，这个效果的数据是否易于收集并予以考核，都是无法回避的问题。在本书《管理中的认知与行为》一文中，我们已经讨论了认知和行为之间存在的五个阶段：知道、学到、悟到、做到、布道。目前大部分的教育，特别是上课的形式，可能更多关注的是前两个阶段，因此上课的效果，与"做到"之间，也就是行为改变之间，存在着较远的距离，特别是从"学到"到"悟到"的过程，组织往往难以考核，因此也意味着较高的成本和不确定性。站在组织视角,有必要对组织的员工加以区分,什么样的员工值得花费如此高的成本?其他员工的行为改变是否有较低成本的选项?

从企业发展和管理实践来看,中高层员工更需要对企业未来的发展有较高的共识,同时管理人员承担着引导员工行为和考核行为结果的职责,因此管理人员更需要具备对行为背后的理念和思想的认知。而从基层员工角度来说,行为改变本身可能更为重要,先完成行为改变的结果,再通过机制的设置促成思想改变,以达到引导未来行为改变的目标。对企业而言,由于基层员工的数量比例较高,后者可能更为现实。

如果把从认知到行为改变称作正向过程,那么从行为到认知则是逆向过程,两者之间需要具备的能力也有所不同。正向过程中的核心是解决"学到"到"悟到"的跨越,需要的是员工自身的认知能力和消化能力;逆向过程则需要更强的从个案到总体、从特殊到普遍的总结能力。当然,两种能力不是孤立的,而是相辅相成的。正向过程需要联系实践帮助消化理论知识;逆向过程也需要延伸性认知能力的支撑。

企业培训从目的角度大体分为两类:改变理念和解决实际问题。改变理念针对两类人群:基层员工,主要以入职培训和定期培训为主;中高层管理人员,多以外出学习和聘请外部教师的形式完成。解决实际问题,往往是希望通过管理中实际问题的解决,总结共性的管理方法,指导企业的相关活动。因此,改变理念是认知到行为的正向过程,而解决问题则是从行为到认知的逆向过程。改变理念往往是由外部专家引发、内部讲师促进消化的过程;解决问题则是内部问题引发并研究个案,再由外部专家协助总结提炼共性的过程。

在我接触过的大多数企业中,对正向过程的培训工作居多,但对逆向过程的培训安排往往欠缺。看上去培训组织得轰轰烈烈,但由于员工认知能力和消化能力的缺乏,往往效果不够明显。而对于逆向过程的组织能力培养和安排,更是企业需要尽快解决的问题,而这一问题的解决,还可以带动正向过程的效果。解决这一问题的关键,可能是内部专家的培养。培养内部专家是员工从"学习"能力向"教别人学习"能力转变的过程,也是组织向知识型组织转变的过程。

注 释

1. 亨利·明茨伯格(Henry Mintzberg),是全球管理界享有盛誉的管理学大师,经理角色学派的主要代表人物。

文 章 重 点

◎ 改变员工行为的方式有两种:一种是主动式的,先改变理念,包括思想和思维方式,再通过内化,最终达到自主改变行为的目标;另一种是被动式的,通过对具体行为的直接修正,先让员工被动地固化新的具体行为并形成习惯,再反过来影响理念,最后主动接受行为的改变。

◎ 正向过程中的核心是解决"学到"到"悟到"的跨越，需要的是员工自身的认知能力和消化能力；逆向过程则需要更强的从个案到总体、从特殊到普遍的总结能力。

◎ 改变理念往往是由外部专家引发，内部讲师促进消化的过程；解决问题则是内部问题引发并研究个案，再由外部专家协助总结、提炼共性的过程。

延 伸 阅 读

◎《管理工作的本质》，Henry Mintzberg 著。

◎《将培训转化为商业结果：学习发展项目的 6D 法则》，Calhoun Wick 等著。

产业管理思维创新

管理的艺术就是"形"的再造

相机取景框中的景物与平时眼睛所视大不相同,世界是立体的、动态的;照片则是平面的、静态的。一个好的摄影师,就是要从一个静止的平面纪录里,反映出丰富的、动态的立体世界。

我属于接触计算机较早的群体，1984年参加了全国首届中学生电子学竞赛，第一次接触就迷上了计算机。中国科学技术大学在1982年才正式成立了由严济慈校长亲自命名的计算机科学与技术系。从那时起，我就喜欢"鼓捣"软硬件，上大学也就顺理成章地选择了工科作为我的专业。

毕业后工作之余，接触到了平面设计软件，有机会与很多摄影师合作。在当时，使用计算机处理照片绝对属于高技术工种，把摄影师们拍的照片扫入计算机，进行加工处理，设计成画册。大部分摄影师从来都没接触过计算机，更别说平面设计软件了。以至于许多有名的摄影师经常要追着我们这些小年轻儿，许以这样或那样的好处，以换取优先的便利。我也因此常常可以摸摸那些摄影师们视若宝贝的相机，十几年前动辄几万元的大中幅面照相机绝对属于奢侈品，从机身、镜头到后背，从胶卷到冲洗，无一不是烧钱的东西。不过看归看、摸归摸，我倒是从来没有购置的念头，一是没那个实力，另一方面则是我对摄影产业链的理解：摄影师们用相机生产出原材料，也就是拍出各种原片，然后供平面设计人员修改后使用。因此在我一直以来的心目中，我所爱好和擅长的照片处理工作，绝对属于"食物链"的高层。甚至我一直觉得只有纪实摄影才叫摄影，因为要尊重事实而不能修改，其他的摄影都仅是粗胚而已。幸亏我的这种想法，使我避免过早地坠入摄影这个"销金窟"。随着计算机的普及，我逐渐也放弃了照片处理这个业余爱好。摄影师们纷纷开始添置PC、打印机、扫描仪，甚至热升华打印机；而我则拥有了自己人生的第一台傻瓜机，也从此踏上了不断升级机身和添置镜头的无尽历程。

起初购买相机的想法无非是为家人拍些漂亮的照片而已。直到我端起相机之后，我才知道原来取景框中的景物与平时眼睛所视的大不相同，世界是立体的、动态的；照片则是平面的、静态的。一个好的摄影师，就是要从一个静止的平面纪录里，反映出丰富的、动态的立体世界。拍一张好照片，摄影师首先要把每个人眼中同样的、动态的世界在他的脑子中投影成一个画面，然后选取并构思，再用镜头在现实世界中找到立体画面，把它拍成照片。这，绝不是一件简单的事。为了一张与众不同的照片，也许你不得不苦苦寻觅；为了一个好的拍摄时机，也许你不得不耐心等待；为了达到更好的表现效果，也许你不得不违心取舍。但即使这样，照片里的东西很可能仍不是你所希望的结果。终于开始逐渐体会那句话："摄影本身不是艺术，是摄影师把摄影变成了艺术。"

一位搞音乐的朋友告诉我音乐的三个层次，第一个层次是听歌，哪首歌好听，大多是因为歌词与他产生了共鸣，这属于具象的"形"领域；第二个层次是听音乐，乐曲是音符的组合，中国很多传统的音乐，都是不需要配歌词的，只是器乐曲，但很优美，很醉人。包括很多人喜欢外国音乐，有的其中也有歌词，一般中国人能听懂国外歌曲的歌词吗？答案无疑是否定的。所有的外国歌曲，我们的耳朵是按照纯音乐的曲调旋律来听的，歌词在国人的耳朵里就是抽象的音符，只不过是人声所制造出来的音符罢了，这已经进入了抽象的"神"的领域了。第三个层次也是更高级的"形"，是前两种的组合，是一首纯音乐曲调中所有的乐器及所有音符的相互作用、相互渲染、高度统一，从而达到震撼人心的效果。比如我们听贝多芬的交响乐，我们听不到一句歌词，也无法把曲调中的任何一组音符拆分出来去鉴定该组音符是什么，但是所有的音符组合在一起就组成了最伟大的乐章。

管理中无疑是蕴涵着艺术的，但管理的艺术性又体现在何处呢？因为教管理课的缘故，我经常和企业管理者们打交道，经常要面对的工作之一就是管理咨询。其实企业中的管理者很多时候就承担着咨询师的角色，需要不断地发现企业的问题并予以解决。但很多时候我们发现并察觉的仅仅是表面上的问题，解决表面问题只是"头疼医头，脚疼医脚"。必须找到深层次的原因，再有针对性地给出解决方案才行。大多数时候企业为诊断能提供的，只是一堆堆的材料，包括产品介绍、组织架构、人员情况，或者是近年来的财务数据。研读之后，我可能还要向管理者们了解一些相关情况，然后根据这些信息，去诊断企业的潜在问题和深层原因。找问题是一个由表及里、由外而内的过程，你必须能够看到别人看不到，或是忽略的东西。咨询师要学会静止地看问题；要能够片段地看问题；要有别人没有的视角；要有别人没有的截面；最重要的，是要养成细微观察的习惯，通过抽丝剥茧，在复杂的表象中发现问题的本质。这似乎与摄影有着异曲同工之妙。

即使最终找到了问题，找到了关键点或本质，工作也远远没有结束。由于很多问题都是长时间形成的，之所以本质问题难以发现，就是因为很多时候表象与本质之间的关系是错综复杂的，试图直接去解决本质的问题往往也比较困难。在制定解决方案之前，你需要先围绕本质，把不同的本质和所有的现象关联起来，形成一个系统，换句话说，再造一个"形"。这个"形"，不同于我们对企业的初始印象，而是隐藏在表象之后的、涵盖了关键及非关键因素的关系模型。先对这个模型进行优化，再根据优化的关联模型提出解决方案。只有这样，这个方案才有可操作性，因为了解了所有的关系，你就能预判每一个动作会带来的影响，还可以根据轻重缓急，从表象着手，先易后难地实施解决方案。只有这样，问题才能得到最终解决。

突然我发现，其实管理与摄影、音乐和其他艺术形式之间有着密切的关联。它们的共同之处是都来源于现实，都要从现实中发掘真谛；更重要的是，还要建立真谛与现实之间的关联，再创新这个关联，最终回归现实。延伸开去，其实就是现象和本质关系，或者古语所言的"形与神"的关系。事物中的关键是"神"，也就是事物的关键特征和本质。从"形"抓住"神"，也就是从现象挖掘本质；分清了"形""神"，还要建立关联，变成更高级的

"形"。而这样的抽象思维过程,可能就是管理的艺术所在吧!

文章重点

◎ 管理咨询师要学会静止地看问题;要能够片段地看问题;要有别人没有的视角;要有别人没有的截面;最重要的,是要养成细微观察的习惯,通过抽丝剥茧,在复杂的表象中发现问题的本质。

◎ 围绕本质,把不同的本质和所有的现象关联起来,形成一个系统,再造一个"形"。这个"形",不同于我们对企业的初始印象,而是隐藏在表象之后的、涵盖了关键及非关键因素的关系模型。

◎ 事物的"神"是事物的关键特征和本质。从"形"抓住"神",也就是从现象挖掘本质;建立"形""神"之间的关联,再变成更高级的"形"。这样的抽象思维过程,就是管理的艺术所在。

延伸阅读

◎《Strategy Maps: Converting Intangible Assets into Tangible Outcomes》,Robert S. Kaplan 和 David P. Norton 著。

◎《组织理论与设计》,Daft R. L. 著。

◎《日本艺术的心与形》,加藤周一著。

产业管理思维创新

细节决定执行 "越位"连接协同

我们经常把"细节决定成败"放在嘴边,其实这里隐含着一个假设:这个细节所处的位置,是在一个复杂系统中!

我在每学期"战略管理"课程的第一次课上,都会提出我对同学们上课的要求。要求其实很简单,首先是不许迟到,其次是案例讨论中不能分工。

关于我的第一个要求,狄更斯[1]在《双城记》的开头这样写道:"这是最好的时代,这是最坏的时代……"在今天的商业领域中,很多人不讲诚信,这确实是不好的方面;但从另一个角度来说,你只要稍微做好一点,就有了差异化,就可能获得与你付出完全不相符的收获。比如你开会、吃饭不迟到,别人就可能对你刮目相看,就可能获得机会。

至于第二个要求,是因为每学期都有5~6门课,MBA学员们虽说分了案例讨论小组,但小组往往采取把每门课的案例分别分给小组成员个人,有一位成员全权负责完成,应付该门课的汇报。名义上有小组,其实根本不讨论,完全失去了案例讨论的意义。看上去是两个很简单的要求,但同学们能真正做到的其实不多,这让我对他们未来的发展不禁担忧起来。

为什么会引起我的担忧,这与未来的发展又有什么关系呢?

其实,这两个看似简单的要求中蕴涵着能力的考验,不迟到反映的是"细节关注度",而分工反映的是"越位意识"。要知道"细节"关乎执行,"越位"关乎协同,这可是影响企业"绩效"的两个重要问题。

让我们先回到组织管理本身,组织管理的核心是把很多复杂化、系统化或专业化的问题转化为"绩效"。但这个转化链条其实非常长,从确立一个商业活动,到最终绩效的产生,你需要解决的几乎全是关系问题和连接问题。

首先是设计企业活动的"价值创造",任何组织必须界定其存在的价值,也就是解决价值需求(客户和市场)与价值供给(企业活动)的连接,确定组织商业活动的特定目标。

其次是"商业模式"的构建,解决组织特定目标所包含的核心经济要素及其之间的关系,在这个关系中,必须加入"人"的因素,特别是要考量"人"的行为及动机对关系的影响。

之后才是"组织的战略",其目的是把构建好的商业模式置于竞争环境之中,明晰与可能的竞争对手之间的关系,根据这样的关系,建立战略选择和执行之间的有效连接。

然后,你开始设计组织架构,解决战略与组织边界、组织结构之间的关系,活动是自己完成还是外包,部门之间如何协作等,当然更重要的是构建"权力关系"。

还没有结束,你还要建立"评估体系",把组织目标与员工日常活动建立关联,避免工作偏离组织目标。

正是因为商业活动系统的复杂性,"管理"才变得不可或缺。任何一个复杂系统都是由不同的子系统构成的,无论是某个子系统发生故障或是系统间的连接出现障碍,都会导致最终结果出现偏差。因此,当我们经常提到"细节决定成败"这句话时，其实隐含着一个假设：这是一个复杂系统。商业活动之所以复杂，人的参与也是其重要原因。

在商业活动中，我们采取设置"结果性指标"的方式，来保证系统的正常运行，其中利润作为绩效的最终表现形式，利润的重要性，不在于利润本身，而在于反映管理的有效性。但结果性指标多为滞后信息，往往是活动结束后，才能够知晓。即使知晓了，也已经为时过晚，无法再改变结果本身。因此，我们更需要"过程性指标"，参与者的表现往往成为考量因素，通过对人的活动的评估，洞察组织商业活动过程的有效性。正因为如此，为了保证组织系统的运行，从另一个角度来说，组织往往通过人的活动特征，决定他在组织活动中的定位，一方面是"能力特征"，更重要的是"行为特征"。这就解释了我为什么强调学员们不许迟到这样的"细节"习惯，因为这些将决定学员们在组织中的定位，可又是学员自身容易忽视的。

以上说的是关于"细节"，下面再来说"越位"。

分工的要求，其实束缚了学员的"越位意识"。日本佳能公司近年来变革了其流水线的生产方式，从原先的每个工位只负责一个生产工序，改变为负责多个工序，前后工位同时要有工序的重叠。如前一个员工负责3个工序，后一个员工也负责3个工序，但其中有一个甚至两个工序是重叠的。这样的好处是既降低了单一重复动作带来的工作枯燥性，提高了工作满意度；又增加了流水线的弹性,减少瓶颈的产生,提高了工作效率。这一变革要求员工要有"越位意识",看到前一个员工的工作积压了,就要主动提供帮助,有助于提升团队合作意识,也降低了某一工序员工离职带来的工作影响。

其实"越位意识"不仅仅在于生产线上,在组织内部由于部门划分和工作分工,会形成大量的空白地带,一旦在这些区域出现互相推诿,极易造成工作没人管的衔接断裂后果,影响组织系统的正常运转。这种情况就需要员工的"越位意识"。其实"越位意识"本质上是团队意识和责任意识,在足球、篮球等团队运动中,经常有需要补位或补防的情况,一旦本方出现空档和漏洞,其他队员必须迅速补上位置,承担起责任。当员工把自己看作团队的一员,就会大大提升越位意识,而越位意识的加强,也有利于组织团队的建设和发展。

更重要的是,组织的创新也往往起源于连接的空白地带,越位意识常常能促使员工换位思考,产生跨界效应,激发员工灵感,优化连接甚至产生新的连接,促进组织的不断创新。

在我看来,MBA教育的核心不在于教会学员什么样的分析工具和管理方法,而是改变员工的思想和行为,助力未来发展。

注 释

1. 狄更斯(1812~1870),19世纪英国批判现实主义小说家。作品注重描写生活在英国社会底层的"小人物"的生活遭遇,深刻地反映了当时英国复杂的社会现实,为英国批判现实主义文学的开拓和发展做出了卓越的贡献。

文章重点

◎ 组织管理的核心是把很多复杂化、系统化或专业化的问题转化为绩效。从商业活动确立,到最终绩效产生,需要解决的几乎全是关系问题和连接问题。

◎ 商业活动需要解决价值、商业模式、战略、协同和评估层面的关系问题。

◎ 当我们经常提到"细节决定成败"这句话时,其实隐含着一个假设:这是一个复杂系统。

◎ 利润作为绩效的最终表现形式,利润的重要性,不在于利润本身,而在于反映管理的有效性。

◎ 由于结果性指标多为滞后信息,更需要过程性指标,也就是通过对人的活动的评估,更好地洞察组织商业活动过程的有效性。

◎ 连接的空白地带往往是创新点,越位意识促使员工换位思考,产生跨界效应,激发灵感,优化连接,促进组织不断创新。

延伸阅读

◎《系统思维:复杂商业系统的设计之道》,Jamshid Gharajedagh 著。

◎《复杂》,Melanie Mitchell 著。

◎《预知社会:群体行为的内在法则》,Philip Ball 著。

有一种境界叫补位

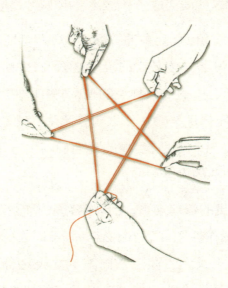

一个人力资源总监向部下交代：去招一个美女来。有的人可能把范冰冰作为目标，有的人也可能把曾经暗恋的同桌作为目标。

经常和企业管理人员交流,聊得多了,就常有人问我,什么样的团队才是好的团队?特别是当越来越多的团队开始把创新作为目标时,问题就演变成了:什么样的团队才是能创新的团队?

对于这个问题,有太多的答案,不同人可能会有不同的观点。有个在微信上流传甚广的段子这么说:好团队就是你发现"牛气"的人一大把,更令人称奇的是,那些比你"牛"的人还比你更谦卑、低调,比你更努力!什么叫差团队?就是这个团队你发现,吹牛的人一抓一大把,更糟的是他们不仅不干活,还天天党同伐异,想把干活的人全干掉。

按照我一贯的管理观点,全是形容词的描述毫无价值,因为形容词不具"操作性"。同一个形容词,不同人可能会有不同的理解。就像一个人力资源总监向部下交代:去招一个美女来。有的人可能把范冰冰作为目标,有的人也可能把曾经暗恋的同桌作为目标。尽管看上去对团队来说定义很清楚,但并没有可操作性。

那么,回到开始的问题,什么是好的、能创新的团队?

首先要搞清楚团队存在的目的是什么——就是配合起来达成"目标"。也就意味着,这个目标只靠一个人是无法完成的,从"团队"的字面上看,至少包括了有"口""才"的人和一群"耳"听的"人",说明团队必须由跨领域的、具备不同才能的成员组成。

至于创新,就是这个团队的存在,能够创造新的优势和新的价值。但是,创新很多时候是过程中经常发生预想不到的变化,

同时也无法预知结果的。因此,对于一个好的团队,至少应该包括以下几点:

有一个基础目标:即使创新未成功也有收获;

有一个高级目标:带来新的成果,又为新成果的实施做了准备;

有一个最高目标:形成持续创新能力。

根据赫茨伯格[1]的"双因素理论",使职工感到满意的,属于工作本身或工作内容方面的,叫做"激励因素";会使职工感到不满的,属于工作环境或工作关系方面的,叫做"保健因素"。"激励因素"包括工作本身、认可、成就和责任,这些因素涉及对工作的积极感情,又和工作本身的内容有关。"保健因素"则包括公司政策和管理、技术监督、薪水、工作条件以及人际关系等。这些因素涉及工作的消极因素,也与工作的氛围和环境有关。也就是说,对工作内容和工作本身而言,保健因素是外在的;而激励因素是内在的,或者说是与工作相联系的内在因素。

"双因素理论"很多时候被用来解决员工的激励问题,各自包含了很多要素。那么,在团队当中,是否存在着对激励因素和保健因素都起作用的指标呢?

美国电影中,美国大兵基本都是以小分队的形式在战斗,一个队员战斗时最常对其他队员说的就是:Watch my back!意思是"看着我的背后!"因为有人保护了他的背后,他就可以全神贯注地与正面的敌人战斗。而更多时候，这样的行为是相互的，需要的时候，每个人都要承担起为战友保护背后的职责。

在足球赛场上，似乎也体现了这种情景，一个队员进攻，必须有人保护他的身后，防止留下空挡，给对手以可乘之机。

其实，团队中往往有两种可以用来描述"团队精神"的原则：一种是把队友的成功当作自己的成功；另一种是把队友的失败当作自己的失败。这两种表述方式可能只有细微的差异，但后者更能够体现我所理解的团队精神。前者，更多的可能是一种"姿态"；而后者，更多的会表现为一种"行动"。因为你把队友的失败看作自己的失败了，你就会千方百计地采取行动，避免任何人的失败。

这个希望避免任何队友失败的行动，我把它称为"补位"。

补位，首先是意识上对不可预测的、变化的一种思想上的预先准备，需要对全局的审时度势；其次还需要细心观察各种情况的变化，结合预先的判断快速做出反应。最重要的是，增进队友间的信任，让善于进攻的人更放心地、无后顾之忧地投入进攻，把自己的"背"交给队友。

"创新"，作为很多团队的目标，客观而言，并不是每一位成员都具备创新能力，可能只是其中个别人的特长，但需要整个团队的协同。按照我对好团队的标准，由于团队中"补位"的意识和行为的存在，即使团队目标没有达成，队友间增进了信任，也是一种收获。如果目标达成了，由于过程中队员间信任的建立和不断提升，更为目标达成后的下一步工作，做好了充分的准备；而这种信任的建立，将对团队的不断创新，构建起持续的支撑。

我接触的创业团队很多，有的创业项目即使获得了风险投资，他们仍然对项目的最终结果担心：万一这个项目失败了怎么办？我的观点是：正常的项目投资要求的项目成功率可能要超过50%甚至更高，而对于风险投资而言，20%的项目成功率就已经算很不错了。因此对于风险投资者而言，失败其实是常态。风险投资，投的不是一个个项目，而是团队。判断的也不仅是项目的价值，而是团队的价值。因为看好团队，才愿意承担团队试错的成本和风险。投入的资金，可以看成是团队的试错费用。即使项目失败了，只要团队成长了，大不了换个项目重新再来。

为了准备"戈壁挑战赛"[2]，我和中国科大管理学院EMBA校友组建了"远征俱乐部"[3]。从成立之初的3人，发展成为拥有200多名企业家成员的团队。大家除了每天自我训练填报成绩外，还经常组织各类健身及文化活动。在这个团队中，我发现越来越多的"补位"意识。当报成绩的格式出现问题时，总有人，默默地修改、重发。而这样的行为，越来越多。当有新队员加入时，总有人，默默地去提供帮助，使之尽快适应。而这样的行为，越来越多。当有一项工作需要开展时，总有人，默默地接手，尽力地完成。而这样的行为，也越来越多……伴随着这一切的，是"远征俱乐部"取得的一项又一项成绩，得到越来越多的认同。

我突然明白：好团队，必须有的一种境界，叫补位！

注　释

1. 赫茨伯格（Frederick Herzberg,1923~2000），美国心理学家、管理理论家、行为科学家，双因素理论的创始人。

2. "戈壁挑战赛"，全称"玄奘之路商学院戈壁挑战赛"，是华语商学院EMBA学员群体的体验式文化赛事。比赛选择了1300年前玄奘法师九死一生的、史称"八百里流沙"的莫贺延碛戈壁路段，极具文化内涵与精神象征意义。赛段平均海拔1500米，气温高达35摄氏度，昼夜温差达40摄氏度，极度干旱缺水。参赛EMBA学员团队连续四天112公里徒步穿越，深入体验"理想·行动·坚持"的成功法则，感受"天人合一"的生命境界，在内心深处寻找让生命得以攀援上升的巨大能量，从而以更积极、更健康、更持久的动力去拥抱生命中更高的挑战。

3. 中国科学技术大学远征俱乐部，由200多名EMBA企业家学员组成，秉承"健康身体、健康灵魂"的核心理念，通过积极推广健康理念，组织健身和文化活动，引导成员健康体魄、感悟自然、增进沟通、丰富人生。先后组织俱乐部成员参加了戈壁挑战赛和多次马拉松活动。

文 章 重 点

◎ 管理中，全是形容词的表述毫无价值，因为形容词不具操作性，同一个形容词，不同人可能会有不同的理解。

◎ 有两种可以用来描述团队精神的原则：一种是把队友的成功当作自己的成功；另一种是把队友的失败当作自己的失败。更能体现团队精神的，是后者。

◎ 风险投资，投的不是项目，而是团队；判断的也不仅是项目的价值，而是团队的价值。因为看好团队，才愿意承担团队试错的成本和风险。投入的资金，可以看成是团队的试错费用。

延伸阅读

◎《天使投资：如何成功解决创业者的融资问题》，唐滔著。

◎《团队的秘密》，Mark Miller 著。

喝彩、陪伴和自我服务
——团队建设的三大法宝

中国科学技术大学远征俱乐部有一条严肃的规定：任何训练活动，最小的单元至少为两人组合。

关于喝彩

第一次组织EMBA学生课堂讨论,一个学生上台叙述了自己的观点,结束后听众席上传来了稀稀拉拉的几声掌声。我很意外,于是问鼓掌的同学为何鼓掌,回答说是鼓励。我又问不鼓掌的原因,回答说不够好。这两种观点可能确实代表了鼓掌和喝彩这件事的大众理解:要么认为体现了观众的修养,要么表明了发言者的水平高低。

在我看来,其实不然。对于EMBA学员或者成人学员而言,鼓掌这个行为,既不是表明听众的修养高低,出于鼓励发言者的目的;也不是居高临下,把自己作为裁判,对发言者水平的结果评价;而是要努力挖掘发言中对自己有益的哪怕一点点东西,为这个东西而真心鼓掌。要做到这个,对于每一个观众而言,首先需要放下自己的身段。不因为发言者的身份和角色而有所不同,把自己放到学习者的层面,继而仔细观察、认真倾听,努力寻找发言中对自身的启发。大部分情况下,都会有所收获,因而也就会对发言者产生发自内心的尊重,报以热烈的掌声。

鼓掌习惯的养成,其实是不断训练自己的过程。而这样训练的结果,对于团队的"协作效率"至关重要,因为在一个团队中,单纯地依赖较高的道德水平,或是每个人都成为评判别人工作的裁判员，是没办法长久地保证团队的持续成长的。只有看到了别人的长处，才能产生发自真心的喝彩；因为真心喝彩，才能带来真正的尊重；因为彼此的尊重，才最终保证了团队的效率和成长。

喝彩，不是为了别人，是为了自己；有了喝彩，才有真正的团队！

关于陪伴

管理是一个结果导向的学科，在组织内部的团队中，也倾向于采用团队的业绩来评估团队的价值。这种导向的结果就是强的不喜欢弱的，都希望强强组合，但即便是强者之间还是会有强弱之分，于是变成了单干，最终活生生地把团队割裂成个体。即便是团队依旧存在，其实也是名存实亡，没有了本该有的价值。

NBA的新秀选拔制度历经了三个阶段：1947~1965年的分区选秀、1966~1984年的抛钱币式选秀和1985年至今的抽签选秀。无论发生了什么样的变化，其宗旨一直没有改变，就是提高弱队挑选到高水平新选手的几率。只有这样，才能促进联盟球队水平的均衡发展，同时保证联盟的整体利益。

"中国科学技术大学远征俱乐部"有一条严肃的规定：任何训练活动，最小的单元至少为两人组合。也就是说，只要是俱乐部组织的活动，走路也好，跑步也好，不得一个人独行，至少两人一组。制定这项规定的目的，最初主要是出于安全考虑，避免发生意外。

因为这条规定而发生的故事，却让我有了更深的思考。经常有队员在发表感悟时说:"因为谁谁的陪伴,原本认为只能走3公里的我,最终完成了8公里。"而陪伴这个队员的人,自己的成绩肯定就受到影响、不会太好了。但是,团队的平均实力却在不断增强。每次拉练,所有队员的水平都有所提高。不仅如此,"团队文化"也不断凝练:彼此支持,彼此呵护,彼此陪伴。

这让我对团队的评估有了新的启发,有必要改变团队的评估体系。"陪伴"应该成为评估体系的一部分,甚至是重要的部分。换言之,能陪伴也是团队成功的表现。团队的效率提升,很多时候是建立在部分成员效率下降的基础上的,由于部分的下降,换来了更好的"和谐"和更佳的"同步效应",最终带来了整体效率的不断提升。

这样的机制,更大的价值体现在组织放大或扩张时,"团队文化"可以降低成员磨合时间,组织得以持续保持高效。

关于自我服务

"服务外包"是近年来业内比较热门的话题。所谓"服务外包",是指企业将价值链中原本由自身提供的,具有基础性的、共性的、非核心的业务和基于该业务的流程剥离出来后,"外包"给企业外部专业服务提供商来完成的经济活动。目前比较常见的有IT外包、保洁和保安外包等。

为什么企业要选择服务外包?主要有两方面的原因,一个方面是专业化带来成本的下降。一件事,自己做的规模有限,可能由于存在着规模经济曲线(规模越大成本越降低的曲线)的原因,因此成本较高,不如大家都把这件事交给一家企业来干,这样每家都可以享受到成本下降带来的利益。另一个方面,尽管不存在显著的规模经济曲线,但企业出于管理成本较高的原因,希望缩小组织规模,把部分业务剥离,外包出去。后一种情况带来了一个问题,就是组织的"边界"问题,什么应该放在组织内,什么应该外包?科斯[1]认为这个边界就是:"管理成本等于交易成本。"如果管理成本小于交易成本,就应该在企业内;反之就应该外包。

在当前的中国,由于信用体系不健全和信息不对称,组织间的交易成本整体较高,合作风险也较大,大多数企业倾向于放大组织规模,很多事情还是由企业内部完成较好。由此看来,"组织规模"受限于"管理成本",因此管理成本的降低就决定了组织规模的大小。

对于"管理成本",其实很大成分是组织内部个体间的交易成本。因此,降低组织(某种程度而言也是团队)内部个体间的交易成本,就能够影响组织的整体管理成本。

与组织间交易成本的影响因素类似,个体间交易成本的核心是"信任",增进信任就成了关键。我认为这种信任的建立,来自于两个方面:对彼此的认可度和换位思考。

认可度提升了包容性,对于其他个体有了更大程度的包容,降低交易成本;包容是有限度的,包容时间长了,还是会出现问题,因此换位思考则可以解决"包容阈值"的问题。由于换位思考,把包容变为理解、甚至认可。

"自我服务"就是让每个人都有机会参与各个层级的各项工作，通过参与，提升认可度，养成换位思考的习惯，不断降低组织内的交易成本，支撑起更大的组织规模。

喝彩、陪伴、自我服务，是团队建设的三大法宝。

注 释

1. 罗纳德·哈里·科斯（Ronald H. Coase），新制度经济学的鼻祖，美国芝加哥大学教授，芝加哥经济学派代表人物之一，1991年诺贝尔经济学奖的获得者。

文 章 重 点

◎ 看到了别人的长处，才能产生发自真心的喝彩；因为真心喝彩，才能带来真正的尊重；因为彼此的尊重，才最终保证了团队的效率和成长。

◎ 团队的效率提升，很多时候是建立在部分成员效率下降的基础上的；部分的下降，换来了更好的和谐和更佳的同步效应，最终带来了整体效率的不断提升。

◎ 个体间交易成本的核心是信任，信任来自于两个方面：对彼此的认可度和换位思考。

延 伸 阅 读

◎《变革中国》，Ronald H. Coase 著。

◎《团队的秘密》，Mark Miller 著。

制造、标准和匠人

"马桶盖"问题的本质是标准问题,在哪儿制造不重要,用什么标准制造才重要!

产业管理思维创新

据说张之洞[1]与袁世凯[2]同入军机处之后,有一次,袁世凯对德国公使说:"张中堂是讲学问的;我是不讲学问的,我是讲办事的。"袁世凯的一位幕僚将这件事作为袁世凯的得意之举告诉辜鸿铭。不料,辜鸿铭[3]不假思索地回答:"诚然。然要看所办是何等事,如老妈子倒马桶,固用不着学问;除倒马桶外,我不知天下有何事是无学问的人可以办得好。"但是,最近发生的国人赴日本抢购马桶盖,说明辜鸿铭先生也"错"了,不仅马桶,甚至连马桶盖的学问都很大。

任何物品一旦成了国人的目标,必定立马成为热点,一般而言,都会历经从大喜过望到喜忧参半,最后再到不胜烦恼的戏剧性变化过程。这一点从奢侈品、奶粉等等,早已得到验证,甚至奶粉事件还引发了内地和香港人民的争论。据说对于日本的马桶盖成了2015年的热购品,引以为耻的不少,嗤之以鼻的也不少,不以为然的更不少。

智能马桶盖其实最早起源于美国,日本也是引进后不断进行改良,逐步加入了便盖加热、温水洗净、暖风干燥、杀菌等多种功能。我从2004年赴日学习至今一直使用智能马桶盖,已逾十数年。期间推荐给长辈和朋友,也得到一致认可。因此对于现在国人热购,本不觉得有何值得大惊小怪之

处，无非说明老百姓生活水平提高了，在购置奢侈品提升面子之余，开始考虑为自己和家人的屁股也提升一下生活品质。

刺激国人神经的，估计是"日本制造"几个字，于是有人扒出来马桶盖的制造地是咱们的杭州，大家顿时心安了许多。其实在我看来，制造问题的本质是"标准"问题，在哪儿制造不重要，用什么标准制造才重要。优秀也好良好也好，及格也好不及格也好，关键是"标准"。比标准本身更重要的是，这个标准是谁的标准，在谁的心中。是质量检验员心中的标准？还是企业家心中的标准？或是员工自己心中的标准？质量取决于标准，标准执行的成本取决于标准在谁那儿。

小时候老师总是告诉我们"要我学"和"我要学"的区别，其实就是被动性学习与自主性学习是两种不同学习态度的区别。自主性学习能充分调动人的智力因素，使观察力敏感、准确，使记忆能力准确而持久，使思维能力活跃，想象力丰富，从而提高学习效率。被动性学习是主观不想学，但不得不学，因此智力因素不能得到充分的发挥，学习效率差，而且学习中容易感到负担和累赘。

心理学把对员工的激励也分为外激励和内激励两种，所谓"外激励"是来自于环境的奖金、晋升、名誉等外部认可；而"内激励"则是来自内心自我欣赏和过程品味的自我激励。外激励可以带来短期收益，但长期效果不佳。外激励是有成本的，奖金、晋升都需要成本。而内激励却有所不同，有可能以较低的成本带来较佳的效果。当然，任何的管理都是需要成本的，从标准角度来说，设置标准需要成本，监测需要成本，总结提升需要成本。员工本来是有差异的，但为了降低管理成本，我们只好统一成一个标准。

2013年，一份亚洲10个国家逾千名企业员工的《员工激励现状》调查显示，中国员工的工作动力（内激励）最小，仅有44%称自己"很"或"非常"有动力，低于亚洲平均水平（55%）。

"内激励"往往与员工的三种需求有关：

因知识渊博、技术娴熟和经验丰富而感觉受到重视的需求，要给予员工培养和展示能力的机会及支持。

与同事协作完成工作的需求，员工通过有效合作融合不同的观点和经验。

员工在指导原则内自我调节业务目标和实现方式的需求，在现有工艺、流程和规则下允许一定程度的个人灵活性，可帮助员工在企业环境下茁壮成长。

当然，低于平均水平的数据还有可能有另一个原因：很多企业从上到下根本就没意识到内激励这件事，员工的这三种需求也就谈不上得到满足了。

20世纪80年代中后期泡沫经济破灭后，日本经历了迷失的20年，日本NHK电视台为此曾经专门拍了一部反思系列纪录片。反思的结果，就是日本企业"匠人"文化的回归。企业开始强调沉静务实的自我定位，强调淡泊明志、宁静致远的企业家理念，认为只有这样，才能让企业走得更稳、更远。在这种文化的推动下，日本企业家开始意识到"匠人文化"体现的内激励的长久作用：一丝不苟，精益求精，一以贯之，从工作中发现意义、发现美。企业家和员工一起，通过一言一行、一时一事，长期的积累和沉淀，铸就企业内生力量和可以传承的内在特质，成为企业的文化基因。因为有了这样的基因，赚钱就成了水到渠成的事了。

抢购马桶盖的背后，不仅说明了随着生活水平的提高，国人的生活需求在不断提升；更重要的是，因为需求的变化，小产品也会有大市场。

"精益生产[4]"也好，"六西格玛[5]"也好，似乎是生产管理的问题，其实是"标准"的问题，但本质上是管理者到员工的价值观问题，是"管理哲学"的问题。事实上，任何管理技术都是由背后相应的哲学来支撑的。管理哲学与管理工具都是管理科学不可分割的组成部分。随着企业发展水平的提高，激励企业和企业家进步的因素也在不断变化，从最初的先富起来，到最终的自我实现；从最初的爱马仕和古驰，到今天的马桶盖，本质上是"外激励"向"内激励"转变的过程。

希望中国的企业少一些喧嚣浮躁，静下心来，找到属于自己的"小产品"，挖掘属于自己的"大市场"。

当然，把狭隘的民族主义放在一边，更希望国人的抢购，别扰乱了日本"匠人"们的心境,以免他们找不着了北!这样的想法,也应该是做一个匠人的初心吧!

注 释

1. 张之洞(1837~1909),字孝达,号香涛,曾任总督,又称"帅",故时人皆呼之为"张香帅"。晚清名臣、清代洋务派代表人物。创办汉阳铁厂、大冶铁矿、湖北枪炮厂等。

2. 袁世凯(1859~1916),字慰亭,号容庵,中国近代史上著名的军事家,北洋军阀领袖。

3. 辜鸿铭(1857~1928),字汤生,号立诚,精通英、法、德、拉丁、希腊、马来亚等9种语言,翻译了中国"四书"中的三部——《论语》《中庸》和《大学》。

4. 精益生产(Lean Production,简称LP),是美国麻省理工学院数位国际汽车计划组织的专家对日本丰田准时化生产JIT(Just In Time)生产方式的赞誉称呼。精益生产方式源于丰田生产方式,是以汽车工业这一开创大批量生产方式和精益生产方式JIT的典型工业为例,经理论化后总结出来的。精益生产方式的优越性不仅体现在生产制造系统,同样也体现在产品开发、协作配套、营销网络以及经营管理等各个方面。

5. 六西格玛(6σ)管理法是一种统计评估法,核心是追求零缺陷生产,防范产品责任风险,降低成本,提高生产率和市场占有率,提高顾客满意度和忠诚度。6σ管理既着眼于产品、服务质量，又关注过程的改进。"σ"是希腊文的一个字母，在统计学上用来表示标准偏差值，用以描述总体中的个体与均值的偏离程度，σ值越小，缺陷或错误就越少。6σ是一个目标，这个质量水平意味的是所有的过程和结果中，99.99966%是无缺陷的。6σ管理关注过程，特别是企业为市场和顾客提供价值的核心过程。因为过程能力用σ来度量后，σ越小，过程的波动越小，过程以最低的成本损失、最短的时间周期、满足顾客要求的能力就越强。6σ理论认为，大多数企业在3σ~4σ间运转，也就是说每百万次操作失误次数在6210~66800之间，这些缺陷要求经营者以销售额在15%~30%的资金进行事后的弥补或修正，而如果做到6σ，事后弥补的资金将降低到约为销售额的5%。为了达到6σ，首先要制定标准，在管理中随时跟踪考核操作与标准的偏差，不断改进，最终达到6σ。现已形成一套使每个环节不断改进的简单的流程模式：界定、测量、分析、改进、控制。

文章重点

◎ 制造问题的本质是标准问题，在哪儿制造不重要，用什么标准制造才重要。

◎ 比标准本身更重要的是，这个标准是谁的标准，在谁的心中。是质量检验员心中的标准？还是企业家心中的标准？或是员工自己心中的标准？标准在哪儿决定了标准的执行成本。

◎ "精益生产"也好，"六西格玛"也好，似乎是生产管理的问题，其实是标准的问题，但本质上是管理者到员工的价值观问题，是管理哲学的问题。

◎ 企业家和员工一起，通过一言一行、一时一事，长期的积累和沉淀，铸就企业内生力量和可以传承的内在特质，成为企业的文化基因。

延 伸 阅 读

◎《匠人》，Richard Sennett 著。

◎《手艺中国：中国手工业调查图录(1921-1930)》，Rudolf P. Hommel 著。

◎《留住手艺》，盐野米松著。

客户体验到底是什么?

客户体验到底是什么?"海底捞"餐厅的客户体验好吗?

时间过得飞快，又到了该举办每年一度的研究室年会了。往年这个时候大家忙于参加各类活动，可能因为现在各单位都厉行节俭，很多活动都取消了。于是今年想回来聚聚的本研究室毕业生很多。应大家的要求，我设计了研究室的Logo，做了几样纪念品，准备送给每一位参加者。我把年会的准备工作分配给所有的在校学生。其中与每一位毕业生联系的任务，交给了一位我认为工作比较仔细的硕士生，并提醒他可以使用研究室的"固定电话"，与每一位同学联系，询问他们是否参加活动。过了几日，我问学生联系得怎么样了，他回复我，说还有很多人没有回短信，我很奇怪地问他是怎么和大家联系的，他说给每个人发了"短信"，并在短信中要求每个人回复并提供信息更新。看了他发给每个人的短信（短信中还有错别字），我大为恼火，问他为什么不按照我的要求，给每个人打电话？学生说短信比较方便，而且成本很低。于是，我再次"勒令"他必须重新给每一个人打电话，在电话里进行沟通并了解个人信息现状，同时要求他做完之后，马上把联系结果向我反馈。

其实每一个学生进到研究室，我都会告诉他们研究室的做事要求：

（1）没明白就问，不要擅作主张；

（2）做事要有效率；

（3）过程要有反馈；

(4)事后要有总结。

年会结束了,我带着学生们总结这次活动:团队做一件事,首先是要达成共识,避免在方式选择上出现偏差,电话一一联系毕业生这件事,首先体现的是"尊重",这是原则。其次由于垃圾短信太多,发短信的方式很可能因为接收者不熟悉号码,导致信息传递失效,影响联系效果。第三,做事没有效率,打个电话这件事做了近一周,而且过程中没有向老师作任何反馈,团队其他成员不清楚联络工作的进展情况,导致如制作纪念品和确定聚餐人数等其他工作无法推进,影响了整个团队的绩效。所有这些都是需要改进的地方。电话一一联系这件事看起来只是一件小事,其实这里面蕴涵着大学问。

我相信,这样的问题绝不仅仅发生在我的硕士生身上,更绝不会仅仅在科大学生身上出现。在很多企业中,这种现象发生的比率同样非常高。这些类似事件的发生,除了从执行力角度分析之外,有的同学提出了"客户体验"的概念,认为我们的做法提升了客户体验。这,引发了我的思考。

"客户体验"无疑是随着苹果的产品和移动互联网的发展而崛起的最热门的概念,更有很多人向我描述"海底捞"餐厅的客户体验。很多人认为,好的客户体验就是提供增值服务,提供超出客户预期的价值。那么,客户体验到底是什么?客户体验与成本的界限是什么?

古代寓言里有"买椟还珠"的故事,难道客户体验就是现代版的"买椟送珠",买个盒子我就送个珍珠?客户体验的终极目标又是什么呢?在网上查了许久,没找到相关的研究。

我想起了自己曾经亲身经历的一个故事。我去4S店保养汽车,对他们的一个流程提出意见,当时他们记了下来。依据我以往的经验,我提出的意见基本上都是"泥牛入海",当面记下来,之后不了了之,所以我也没放在心上。没想到的是,几个月之后我再去的时候,发现流程真的发生了变化。同时我的意见出现在店里墙上的看板上(不仅仅我的意见,还有其他顾客的意见)。他们的经理听说我来了,亲自过来对我表示感谢;告诉我已经根据我的意见,修改了服务流程,希望我继续不断帮助他们改进工作。这个店没有给我任何的奖励,更没有为我提供什么增值服务,但却成为我演讲中经常提及的案例。我相信通过我的传播,有更多的人了解了他们。这是一个好的客户体验吗?毫无疑问,是的。

那么,是什么形成了良好的客户体验呢?我总结为两条:真正的尊重和认真专业的态度。

我从来没期望过一个服务员是一个理发师也是一个指甲美容师;更不奢望他还是一个面条表演艺术家,我只希望他是一个尊重我的、专业的服务员。要能做到端汤的时候别把手指头放在汤里;递菜单的时候别扔在桌上,而是双手递给我;别只给一份菜单,多拿几份让大家都可以点菜;吃西餐的时候,记住谁点了什么菜,端菜上来的时候,别问所有人这是谁点的,而是正确地直接放在点菜者的面前。正是在这些细节里，体现了你对客户的尊重，体现了认真做事的专业态度。而对于每一位客户的意见，你都要认真对待，表示感谢，给予反馈。让他们知道你非常重视他们的意见，并且始终在不断改进。因为你的尊重和认真，客户开始喜欢你，尊重你，还把你介绍给他的朋友。介绍给朋友后，他还因此就开始承担起了责任，不断把他的知识和经验分享给你，不断为你提出改进意见，帮助你不断进步。在这个过程中，因为参与，他与你的感情越来越深，甚至和你融为一体，成为你的一部分。

现在，让我们再回到本文的主题上来，"客户体验"到底是什么？

如前所述，正因为在客户与你打交道的过程中，你表现出来的尊重和认真，使你获得了客户的信任，进而产生敬意，认同你的理念，最终自愿为你传播理念，成为你的编外员工。这，就是我理解的所谓"客户体验"。而计算机技术和网络技术的进步，只是提高了与客户沟通的效率，降低了数据挖掘的成本，加快了客户需求的响应时间，让我们更方便地对客户表达尊重。

移动互联网改变了组织的环境，但我所坚信的商业原则依旧：你怎么对待你的客户，他就怎么回报你。其实，这不仅仅是商业原则，也是人生的准则。

文章重点

◎ 良好的客户体验就是：真正的尊重和认真专业的态度。

◎ 你的尊重和认真，使你获得了客户的信任，进而产生敬意，认同你的理念，最终自愿为你传播理念，成为你的编外员工。

◎ 商业的原则依旧：你怎么对待你的客户，他就怎么回报你。

延伸阅读

◎《需求：缔造伟大商业传奇的根本力量》，亚德里安·斯莱沃斯基著。

体验——为你在客户心中画像

企业习惯于把因为个别言而无信的客户造成的结果,转嫁到所有客户身上,让所有客户都不愉快。

越来越多的企业开始关注"客户体验",客户体验到底能做什么?能起到什么样的作用?为什么那么多的企业尽管不厌其烦地宣传自己如何重视客户,但还是有太多的企业在太短的时间内倒下了?

为简要明了起见,下面以在餐厅预约订餐为例来加以说明。

可能很多人都有这样的经历,你在一家餐厅预约了某日的晚餐,那天下午,当你正在开会,手机响起,你拿起来接听,一个亲切的女声响起:"我是某某餐厅,请问您约定的晚餐确定过来吧?"每次接到这样的电话,我都有一种被侮辱的感觉,似乎我已经被所有人认为是一个言而无信的人,连订一个晚餐座位,都会被人担心不去。

深想一下,为什么餐厅要打这个电话给我?看上去是提醒我别忘记了跟朋友们的约会,但本质上是担心餐厅的生意,怕我万一不去,少了一桌的生意,影响了收入,而且凡是打这种电话的,一定是生意好、人满为患的餐厅(在我看来,其实本不需要这么在乎收入的)。我不知道提前预订了座位,但不去的客人比例有多高。但很多数据可以帮助餐厅进行预判,提前多久订的?预订人之前来光顾过吗(很多店都已经安装了系统,有这样的记录)?该人之前的信用水平如何(可能需要做一些统计)?是否经常预订了又不来?我一直不太明白的是,为什么餐厅要把他的客户想象成言而无信的人。或者,因为个别言而无信的客户造成的结果,来让所有客户不愉快。因为这样的电话其实向客户表达了餐厅的一个预判,也传递了一种心理暗示:你可能是个不守信的人。

人都会受到心理暗示,这是人的心理特性,它是人在漫长的进化过程中,形成的一种无意识的自我保护能力和学习能力。当人处于一个环境中时,会无时无刻不被这个环境所"同化",因为环境给他的心理暗示让他在不知不觉中学习。

而餐厅打电话的结果是让客户明白了,餐厅时刻做好了客户不去的准备,让客户觉得既然餐厅做了准备,那么违约(订了不去)也没什么了不起。因此,这实质上可能会诱使更多的违约。

很多时候,即使我已经在赶赴餐馆的路上,但由于堵车,我一路上也都会在担心,生怕餐厅因我晚到,就误认为我不去了,而把我的座位给了别的客人,于是一路上不停地打电话,向服务员保证我一定来!这是什么样的客户体验?

从商家角度而言,到底与客户应该建立一种什么样的关系?"客户忠诚理论"[1](Customer Loyal Theory)是这么表述的:组织应以满足客户的需求和期望为目标,有效地消除和预防客户的抱怨与投诉,不断提高客户满意度,促使客户的忠诚,与客户之间建立起一种相互信任、相互依赖的"信用质量价值链"。

"忠诚度"对于组织意味着经营稳定性的提高和组织扩大再生产风险的降低。根据菲利普·科特勒[2](Philip Kotler)教授所做的研究,吸引一个新客户的成本可以是留住一个当前客户的成本的5~7倍,更值得注意的是:企业需要花16倍的成本把一个新客户培养成与当前客户具有同样赢利水平的客户。可见,忠诚度高的客户可以带来更多的客源,降低外部环境的变化和竞争对手的出现对组织活动的影响,对于组织的重要性不言而喻。提升客户体验的目的就是满足客户预期,甚至超越预期,避免客户抱怨,最终不断提高客户忠诚度。由此可见,"客户体验"与"客户忠诚度"之间有着密切的关系。

忠诚度产生的重要原因,体现在组织和客户之间身份特征的类似。按照"社会认同理论"[3],人们都倾向于对自己进行社会分类,比如把自己看成是各类组织的成员(例如家庭成员、工作单位的成员、俱乐部成员等)。通过这种分类,每个人都能够在特定的社会背景下定义自己,帮助自己形成一个独特的"身份特征"(如身体特征、能力、心理特点、兴趣等)和"社会身份特征"。个人对这种社会身份特征的认同,也就是与其所属群体或组织产生一致性的感觉,能够帮助他回答"我是谁?"这个问题。

有些企业为自己标注了一些独特的、持久的、主要的特征,并且向顾客提供有吸引力的、有意义的社会身份和形象。顾客在购买和使用企业产品或服务时,发现了自己与企业在身份上的相似性或一致性,由此产生了对企业的认同。

很多时候,我们经常把"社会认同"等同于"品牌认同",很多时候品牌身份是有别于企业身份的,二者的身份特征不一定完全不同,比如"海飞丝"与"宝洁"公司,这两者之间的身份特征是有差异的。品牌身份表达的是有关具体产品的,而企业的身份特征则更多的是组织文化、组织价值观、组织社会责任等特征。这些特征把一个组织与其他组织区别开来,比如索尼公司的品质可靠性,苹果公司的创新身份,IBM公司的稳重身份,会使他们的顾客对自己的身份产生类似的感觉。当顾客感知到他的个人身份特征的某些方面与这家企业的身份具有重合时,就产生了认同的感觉。顾客对企业的认同是最强有力的连接顾客和企业关系的纽带。同时身份认同也是一个过滤器,帮助企业筛选与自身定位相符的客户,更重要的是,"身份认同"过程也是一个良好的"客户体验"过程,这些能够为企业带来客户更多的、积极的、有利于企业的行为。

很多企业意识到了认同的重要性,开始有意识地强化"身份特征"。比如,有些企业常常采用捐款、救灾等方式表明自己具有社会责任感的企业身份特征,以加强客户认同。殊不知,组织的行为对企业身份特征的影响更为重要,而这同时也是更深层面的客户体验。试想,一个餐厅,即使客户没有解释任何原因订了但还没来,你仍然为他保留着;即使很多人排队,你仍然告诉等待的人,因为已有预订,餐厅必须保留。客户会有怎样的感受和体验?也许等候的客户当时会很不高兴,但冷静之后想想,换位思考,他还是会认同餐厅的选择。虽然看上去损失了营业额,但因为坚守你对客户的承诺,你就为自身标注了"守信"这个有力的身份特征符号。而这一特征相信一定会带来更多的认同者,当然也意味着未来更多的收入。与之相反,尽管企业宣扬诚信,却在企业具体活动中表现了与宣扬的宗旨完全背道而驰的行为,必将失去客户的信任。

上面以餐厅预约订餐为例所作的分析,说明"客户体验"起着非常重要的作用。一家企业在客户心中的形象,正是由"客户体验"刻画出来的。

正是"客户体验"把客户忠诚、企业身份这些看起来似乎风马牛不相及的概念,联系到了一起。通过优质的"客户体验",传递企业的价值观,达成客户与企业的身份认同,最终形成客户忠诚。说到底,是否追求卓越,是否始终如一,完全取决于企业自身。不重视企业价值观与行为的统一,不认真考量怎样建立和保持信任,同时理解客户的需求,无论你曾经获得了怎样的成功,最终仍可能会被葬送。

注 释

1. 客户忠诚理论(Customer Loyal, CL)是在流行于20世纪70年代的企业形象设计理论(Corporate Identity, CI)和80年代的客户满意理论(Customer Satisfaction, CS)的基础上发展而来的。客户忠诚是指客户对企业的产品或服务的依恋或爱慕的感情,它主要通过客户的情感忠诚、行为忠诚和意识忠诚表现出来。其中情感忠诚表现为客户对企业的理念、行为和视觉形象的高度认同和满意;行为忠诚表现为客户再次消费时对企业的产品和服务的重复购买行为；意识忠诚则表现为客户做出的对企业的产品和服务的未来消费意向。这样，由情感、行为和意识三个方面组成的客户忠诚理论，着重于对客户行为趋向的评价，通过这种评价活动的开展，反映企业在未来经营活动中的竞争优势。

2. 菲利普·科特勒（Philip Kotler），生于美国，经济学教授。现代营销集大成者，著作众多，被翻译成多种语言，被誉为"现代营销学之父"。提出"优秀的企业满足需求，杰出的企业创造市场"的观点；强调全方位营销观念："……公司将创业资源的安排、供应链的管理和客户关系管理等信息能量整合在一起，以换取市场上的更大成功。"

3. 社会认同理论，由 Tajfel 于 1986 年提出，认为社会认同是一个人自我概念的重要组成部分，会影响到他们的社会态度和行为。试图解释个体所获得的对自己所在群体成员身份的认识，是如何影响他的社会知觉、社会态度和社会行为的。

文章重点

◎ 提升客户体验的目的就是满足客户预期，甚至超越预期，避免客户抱怨，最终不断提高客户忠诚度。

◎ 顾客在购买和使用企业产品或服务时，发现了自己与企业在身份上的相似性或一致性，由此产生了对企业的认同。

◎ 品牌身份表达的是有关具体产品的，而企业的身份特征则更多的是组织文化、组织价值观、组织社会责任等特征，这些特征把一个组织与其他组织区别开来。

◎ 顾客对企业的认同是最强有力的连接顾客和企业关系的纽带，同时也是一个过滤器，帮助企业筛选与自身定位相符的客户，更重要的是，身份认同过程也是一个良好的客户体验过程。

延伸阅读

◎《社会认同过程》，Michael A. Hogg, Dominic Abrams 著。

◎《Human Groups and Social Categories: Studies in Social Psychology》，Henri Tajfel 著

◎《新企业文化：重获工作场所的活力》，Terrence E. Deal, Allan A. Kennedy 著。

客户体验的层级

东京马拉松和南屏过年活动,这两件看似风马牛不相及的事件,为何背后引发大家这么多的关注和热议呢?

最近有几件事引发了我的思考。一个是微信上热传的文章《看看东京如何把一场马拉松办到极致》。据说今年的东京马拉松赛共吸引了约36000名全球选手参加，许多参赛者大赞"东京马拉松是最人性化的比赛"。文章从其赛前筹备（组织结构、报名、志愿者、交通、资料和赛前展览会）、比赛当日（厕所、出发、转播服务、摄影服务、补给、观众、卫生、活动、亲友团和医疗）和赛后（市长迎接、奖牌发放、存物领取和赛后放松）等各个方面予以综合评价，认为日本人以其特有的极度认真、甚至有点儿较真的精神，把一场马拉松办到了极致！文章甚至还引来日本网友纷纷吐嘈："你们只有羡慕嫉妒恨了吧，北京马拉松猴年马月才能有这样高的规格？！"

另一件事则是我亲身策划并参与的活动，2015年过年我们组织了4个家庭，在黟县南屏村租下了一幢已有近200年历史的老宅子，围绕着同行的4家老少三代14个成员，组织了丰富多彩的活动，包括朋友拜年，自己动手包饺子，共同烹制团圆饭，家庭运动会，阅读活动和户外徒步活动等。回程的前夜还进行了总结，孩子们的话语让每位家长都感动不已，一致觉得这次旅行收获巨大，甚至感慨是重塑了"三观"。不仅参与者满意度甚高，活动结束后我把活动编辑成了图文汇报贴——《四家人的徽州年味儿》[1]，在微信朋友圈一发布，即引发好评一片。朋友们纷纷表示非常喜欢这样的活动，并愿意报名参与。文章还引起了众多媒体的关注，新浪安徽和安徽日报都予以转载报道。

东京马拉松和南屏过年活动，这两件看似风马牛不相及的事件，背后引发大家的关注和热议的要素，我想就是"体验"做得较好！

彼得·马什[2]在其撰写的《新工业革命》一书中，把人类的制造业分为五个阶段：第一阶段是少量定制；第二阶段是少量标准化；第三阶段是大批量标准化生产；第四阶段是大批量定制化；第五阶段是个性化量产。这五个阶段的分类，本质上就是生产者视角的"客户体验"与生产成本的关系变化。从第一阶段到第五阶段，其实是客户体验的再次回归，当然这种回归是在不同生产成本水平上的回归。但趋势是显而易见的，首先要考虑到"客户体验"是竞争的根本，其次才是成本问题。这一回归的基础，是我们逐渐超越了单纯产品概念，引入了"产品系统"的概念，新的体验其实是把硬件、软件和服务集成于一身的"一体化体验"。

再来看"体验"是如何带来价值的。举例来说，如果一样东西，客户在购买时，先付了一部分钱，但这部分钱只是所有花费中的一部分，还有更大的一部分，是客户在消费过程中，参与创造的这个产品。当然这个更大的部分的价值，客户也是同样要付钱才能获得的，这部分价值，就是体验创造的价值。例如客户从合肥去黄山旅游，来回车票100元，但客户的目的不是去了黄山再回来，而是为了去玩，因此需要安排客户在黄山的活动，客户参与到消费过程中，消费过程本身也是产品的一部分，消费过程是同样可以从中赚钱、带来收益的。由此可见，体验不仅是可以赚钱的,甚至创造的利润远超过其他部分,但客户必须参与这个过程,同时把过程形成一个产品。"体验创新"其实就是通过消费过程对已有产品进行再组合或是再创造的过程。

所谓"体验创造价值"的过程,可以用一个更形象的比喻,就好比是演一场大戏。演戏需要舞台、道具、演员和剧本。那么,整个消费过程是在舞台上,提供的不同产品(如旅游中的交通工具、住宿、饮食和景点等)可看作是"道具","演员"则是参与其中的消费者和服务提供商,而其中最重要的要素就是"剧本"。评估这场大戏的标准,不是票房,而是作为客户的"主演们"的满意度。我突然想起了冯小刚导演拍摄的电影《甲方乙方》,片子里的"好梦一日游"业务,就是让客户过上梦想成真的一天,服务提供者自己也真情融入地扮演起各种场景角色。当然电影的情节是最终项目因为成本太高无以为继,究其原因,当然是"个性化"程度过高的缘故。

那么,"体验创造价值"的核心乃是如何低成本的实现个性化。换言之,找到体验的共性特征,并在这个特征基础上进行客户划分,形成"体验的标准化",是降低成本的关键。体验的一个基本特征是,做同一样事情,体验很可能是不同的,这体现在三个方面:

(1) 同一个人对不同产品,会有不同的体验;

(2) 不同的人对相同产品,会有不同的体验;

(3) 同一个人对同样的产品，在不同的时候，还是会有不同的体验。

这其中，后两个方面尤其重要，是"体验设计"的核心。为什么会出现这种情况？本质上是因为体验与人的认知有关。人的认知能力取决于器官的感知能力，以及这种感知经认知系统处理后的输出结果。人的认知系统受其文化背景和价值观体系影响，凡是具有相似文化背景和价值观体系的人，其体验的感受也类似。

分析演戏这个例子可以说明，就"体验创造价值"而言，我们可以把"体验"由低到高分成几个层级：

（1）功能体验，也可以称为"道具体验"。这种体验是标准化的，仅能满足消费者的初步体验，且不具备根据体验划分客户类别的能力。

（2）服务体验，也可以称为"演员体验"。这类体验考虑了消费者的部分"个性化需求"，刺激消费者的感官，激发起消费者参与的热情，从而增加"滞留时间"，达成更多消费的目的。

（3）文化体验，也可以称为"剧本体验"。通过场景打造，不仅将视（听）觉、触觉、味觉都融入了其中，而且还会使消费者感受到一种"文化"的东西，通常情况下以"主题化"的面貌出现（主题化也正是标准化的过程），使人感觉到愉悦的全方位参与的行为方式。除了使人们享受到视觉的冲击、游玩、美食外，还带来"文化特质"的东西——"快乐、自由、梦想、品位"；"文化体验"模式是触动人的"灵魂"的，不仅愉悦，而且难以忘怀，使你有再次重游的冲动。

由于体验是互动的，服务提供者也参与其中，因此可以根据客户体验的不同感受，进一步细分客户，同时在更高的文化层面分享客户体验，形成"文化营销"。

每个商业项目都有自己的文化特质，只有将商业项目的文化和企业的文化以及和生活、消费、休闲结合在一起时，高层级的"文化体验"就出现了。

商业定位的根本是价值，价值的根本是（消费者的）需求，需求的根本是文化。所谓品牌忠诚，在我看来就是"文化体验"的依赖。

注 释

1.《四家人的徽州年味儿》相关具体信息可扫描此二维码打开链接关注。

2. 彼得·马什，《金融时报》新闻记者，主要报道制造业相关产业的发展动态。2012年，他荣获英国制造业类"年度商业记者奖"。

文章重点

◎ 人类制造业五个阶段的分类，本质上就是生产者视角的客户体验与生产成本的关系变化，是客户体验的再次回归，是在不同生产成本水平上的回归。

◎ 我们逐渐超越了单纯产品概念，引入了产品系统的概念，新的体验把硬件、软件和服务集成于一身的"一体化体验"。

◎ 体验是可以赚钱的，甚至创造的利润远超过其他部分，但客户必须参与这个过程，同时把过程形成一个产品。体验创新其实就是通过消费过程对已有产品进行再组合或是再创造的过程。

◎ 功能体验——"道具体验"，这种体验是标准化的，仅能满足消费者的初步体验，且不具备根据体验划分客户类别的能力。

◎ 服务体验——"演员体验"，这类体验考虑了消费者的部分个性化需求，刺激消费者的感官，激发起消费者参与的热情，从而增加滞留时间，达成更多消费的目的。

◎ 文化体验——"剧本体验"，通过场景打造，不仅将视（听）觉、触觉、味觉都融入了其中，而且还会消费者感受到文化，感觉到愉悦的全方位参与。

延伸阅读

◎《新工业革命》，彼得·马什著。

◎《场景革命：重构人与商业的连接》，吴声著。

产业管理思维创新

企业如何成为客户体验的赢家

市场中的企业组织,如何看待客户体验?如何从客户体验中获利?这种获利一定是销售利润吗?

世界上的万物和现象，往往因观察它们视角的不同而存在着差异性。同一个现象，因视角和知识背景的差异，对于现象本身和原因的分析往往完全不同。例如一位老妇人心脏不好，"医生"认为是衰老带来的功能衰竭的结果；"经济学家"认为是收入低而产生的生活品质降低的结果；"社会学家"则认为是社会发展导致的人际间沟通较少形成的孤独感造成的结果。鉴于不同视角对现象的分析结果，其采取的解决方案又存在着较大差异。

不仅对现象的解读各不相同，同时对于很多"概念"的理解，由于站在不同的角度，也常常因此产生较大差异。但很多人都对"客户体验"这个近年来随着互联网经济的发展出现的一个热词表现出欢迎的态度，因为无论任何人，都一定是市场中的一个消费者，站在消费者视角，都喜欢"客户体验"这样一个明显有讨好消费者味道的概念。但是，市场中存在的关系必须是均衡的，失衡的关系往往难以持续。客户体验的提供者们，也就是市场中的企业组织，如何看待客户体验？如何从客户体验中获利？这种获利一定是销售利润吗？

获得销售利润无疑是企业经营的目标，但绝不是唯一目标，因为获得利润意味着企业与消费者之间有可能产生利益冲突，出现企业为了追求短期利润而做出伤害客户的行为。因此确切而言，我更愿意把持续的盈利作为企业的长远目标，而与持续盈利相对应的一定是企业能力的不断提升和企业的不断成长。这样，就建立了企业与客户之间平等的关系，是双赢。由此看来，

"客户体验"这件事，不能是单纯的企业讨好客户来获得短期利润的过程，必须挖掘出让企业长期获益的因素，把对短期利润的追求转变为企业能力的提升和企业的成长过程。也只有这样，才能保证企业愿意持续改进并提升客户体验，客户的美好体验也才可能得以持续。

那么，企业愿意提供"客户服务"的目的到底是什么？我认为本质上是以下流程：

（1）通过服务过程，首先筛选出对企业所提供的产品及其发展趋势理解最深或最超前的客户（我们把他们称为"最佳客户"）；

（2）然后企业通过总结、提炼和学习，提升企业的认知；

（3）再组织和整合相关资源与自身经验，围绕认知，提升产品和服务，满足最佳客户的需求并与其分享企业认知，陪伴最佳客户成长（由于企业团队的优势，甚至比最佳客户进步和成长更快）；

（4）建立平台，将最佳客户的体验过程公开分享，引导其他潜在客户的成长。

概括来说，企业视角的"客户体验"，本质上就是企业通过学习、产生知识，并将其应用和分享，带来企业的螺旋式上升成长的过程。

由这个过程我们发现,企业从客户体验过程获益的核心能力包括以下几个方面:客户筛选识别能力,总结和学习能力,目标设定和实现能力,经验分享能力。

这几个能力中,最重要的部分,应该是客户的筛选识别。客户筛选和识别的效果,直接决定了后续流程的最终成果。而客户的筛选识别,估计也是让大部分企业头疼和感觉无从下手的部分。

传统研究中,客户的服务过程,按时间顺序往往分为售前、售中和售后三个部分,客户体验也同样体现在这三个过程中。那么,企业视角的"客户体验"与这三个过程存在着什么样的关系呢?

首先要明确的是三个过程的界限,换句话说,出现了什么标志性的结果,就意味着进入了什么过程。对于边界,不同学者对于不同领域有着不同的观点。我个人认为,售前到售中的边界,是消费者找到了企业并表达了明确的购买意图。在此之前,都属于售前,一旦出现这个行为,就意味着进入了售中;售中到售后的边界,比较容易区分,交易完成,即进入售后阶段。

就企业能力提升的目标而言,售前和售中阶段,大部分能力提升的行为应由企业发起。到了售后阶段,既存在企业发起的行为,也存在客户发起的行为。但无论发起者是谁,都需要双方的直接接触,特别是客户的深度参与。

"售前"阶段的体验,目的是形成购买意图。购买意图的产生分为两种:产品功能认可和价值观认可。企业产品功能往往是企业对于产业和产品理解的产物,价值观则是企业对于自身理解的结果。除了那些没有价值观或是把短期赚钱作为价值观的企业,脱离价值观基础的产品是不存在的,产品往往是企业价值观的具体表现。就像一家完全抄袭竞争对手产品功能的企业,无论如何标榜其创新的价值观,只会徒惹耻笑。由此可见,售前阶段的客户筛选,是找到因价值观认同而产生购买意图的个体(最佳客户),并建立起尚无利益关系的信任。

"售中"阶段的客户体验,一方面是为了销售的完成,另一方面也是最佳客户特征和企业预判的印证过程,通过偏好信息的收集和总结归纳,形成组织知识的提升,也实现最佳客户的进一步筛选。

"售后"阶段的体验有两种情况,其一是客户因产品使用带来的双方接触需求,如产品出现问题的解决,或是更好使用产品的疑问等。其二是企业希望将最佳客户的体验过程公开分享,以达到引导其他潜在客户购买的需求。这个分享过程的运作得当,往往也能带来最佳客户自身的愉悦,产生再次购买欲望(自己或推荐朋友购买),降低营销成本,提升售前体验的精准度。

综上所述,企业怎样才能成为客户体验的赢家,就很清楚了。

首先,任何的客户体验,带来的绝不是销售额,而是客户的筛选和分级。之后为不同客户设计最符合其特征和期望的体验,提升体验精准度,陪伴客户成长。与此同时,企业也得到了成长。

只有共同成长的关系才是永恒的关系,朋友如此,夫妻如此,企业与客户也同样如此!

文章重点

◎ 客户体验不是单纯的企业讨好客户来获得短期利润的过程,必须挖掘出让企业长期获益的因素,把对短期利润的追求转变为企业能力的提升和企业的成长过程。只有这样,才能保证企业愿意持续改进并提升客户体验,客户的美好体验也才可能得以持续。

◎ 企业视角的客户体验,本质上就是企业通过学习、产生知识,并将其应用和分享,带来企业的螺旋式上升成长的过程。

◎ 企业从客户体验过程获益的核心能力包括:客户筛选识别能力,总结和学习能力,目标设定和实现能力,经验分享能力。

◎ 除了那些没有价值观或是把短期赚钱作为价值观的企业,脱离价值观基础的产品是不存在的,产品往往是企业价值观的具体表现。

◎ 客户体验,带来的绝不是销售额,而是客户的筛选和分级。之后为不同客户设计最符合其特征和期望的体验,提升体验精准度,陪伴客户成长。与此同时,企业也得到了成长。

延伸阅读

◎《粘性营销:新时代的营销圣经》,格兰特·勒伯夫著。

产业管理思维创新

"白头偕好"or"同床异梦"

2015年10月26日,携程和去哪儿共同发布消息宣布合并,同时百度将成为合并后公司的第一大股东。

携程和去哪儿合并的消息一经发布，便引发坊间热议，看好者有之，认为：

合并后的公司在资本市场层面更被看好。

合并后的公司与百度成了一家人，中国在线旅游市场的格局将发生重大变化，携程将占据核心地位。

百度通过交易，实现手机百度、百度地图、百度糯米三大移动入口与在线旅游相关业务的全面接入，完成在线旅游整体O2O战略布局。

当然消极层面判断也有之，认为：

此举乃"互联网资本寒冬"到来时，企业的抱团取暖行为。

还有担心者忧虑一旦巨头们成了一家人，不仅不竞争了，还可能利用垄断优势涨价[1]。

从关注点的分析可见，大多数人关注的是资本及市场层面，总体还是看好这次并购。至于合并带来的影响，戴斌[2]认为有利于促进旅游行业原始创新；旅行社经营者[3]认为产品优势和特色是旅行社的制高点，旅游服务需要人的对接、行程设计和目的地的人文提炼等，合并集中了客户渠道，但产品还是旅行社的优势。

在我看来，任何的企业行为，特别是上市公司（或按英语Public List翻译为"公众公司"）都会受到两个市场因素的影响:一个是资本市场;一个是客户市场。资本市场对组织行为的影响,从组织行为的收益来看,更偏重短期;而客户市场对组织行为的影响,则更偏重长期。所以本质上是客户市场起决定作用。此次的合并之举固然在短期会带来资本市场的看好,简单而言好似抛硬币,原来还要猜是正面还是背面,现在成了一面,至少省了不少事。但由于本次交易涉及的百度、携程和去哪儿,均为上市公司,因此考虑他们的行为,还是更应从客户市场的影响着手。只有从客户市场对企业行为解读,才能更长期、更客观地判断。

　　客户市场的影响表面上看来是成本因素。原来大家各自有金主,可以为了竞争拼命烧钱。现在互联网资本市场不太景气,"地主"家的余量也有限了,原来大笔掷钱的土豪们现在也谨慎了。可是烧钱到底在抢什么呢?客户规模?大家都很清楚,谁也不可能吃下所有市场,必须做市场细分,寻找各自的目标市场。因此可以初步判断,竞争者比着花钱只可能基于两个理由:或是想利用实力,挤垮所有竞争者,吞下全部市场;或是竞争者挤在同一个狭窄市场之中,导致竞争异常激烈。从目前在线旅游市场的现状来看,可能两种原因兼而有之。

　　基于这样的分析,解决办法是什么呢?要么强势划分势力范围;要么通过差异化优胜劣汰,自然形成各自领域。前者只有资本才能做到,后者依靠客户"以脚投票"才能做到。现在的在线旅游市场，基本是全业务线的，什么都做，包括团队、国内的、国外的、订制的。携程与去哪儿的竞争领域几乎是完全重合的，营销成本居高不下是当然结果。携程和去哪儿后面的金主们，看着前方大把烧钱肉疼，从降低成本的考虑，合并成一家，然后划分地盘。我判断合并之后，携程和去哪儿将分别划分竞争领域，这确实有可能降低营销和运营成本。

但是，历史经验告诉我们，强行划分的势力范围，时间一长，必然还是会在交界处开始争端，彼此蚕食，甚至引发重新洗牌。那么，大家明知这不是最优选择，为什么还这样做呢？我只能判断这是无奈之举，其原因是两家公司都无法差异化。

为什么无法差异化？在线旅游是一个新兴市场，在一个新兴市场中，任何企业首先的差异化细分对象，一定是高端客户。就像一锅油，肯定是希望先把价值最高的油脂撇走；或是一锅肉，先把肉捞走。由此可见，无法差异化，是差异化不了高端客户。

随着在线旅游的发展，原来客户旅游找线下旅行社的，现在有的转向在线服务。旅行社也因此重新洗牌，有的成了在线平台的供应商，有的自己开发平台，与在线旅游企业竞争。可见，尽管有了在线旅游，但客户并没有变化，还是那些客户。

那么这些年客户变化的是什么呢？我觉得一个本质的变化就是：需求的多元化。原来旅游的需求是"去"，现在除了"去"之外，至少增加了"为什么去"及"和谁去"。需求的变化直接带来了行为的变化:"去",那结果是去了就行,一般不会再去,客户关注的是性价比。就服务供给方而言比的是成本竞争力,所以之前的旅游大部分是以团队的形式来实现的,主要解决的是成本问题。这种特点支撑了原有的传统旅游的市场。

旅游市场数据显示,自助游比例逐年大幅提升,自助游数据变化背后隐含的需求变了,"为什么去"及"和谁去"变成了客户的关注点。现在休闲娱乐的选择多了,旅游目的地的选择也越来越多。即便是去同一个地方,客户的目的也不同,有的是想去看看博物馆,有的是想去看传统景点,有的就是为了去品尝美食,甚至有的打个"飞的"过去发发呆!在这种情况下,成本已经不是客户考虑的主要因素,"去的目的"及"和谁同行"变成了决策和筛选的核心因素。需求的变化划分了不同的客户群体,首先产生此类需求的,我们认为属于旅游市场的高端客户,如何利用差异化手段,满足他们的需求,使之成为黏度较高的客户,将成为竞争的核心。当然基于成本因素考量的传统市场依旧存在,且由于原本欠发达地区经济发展水平的提升,也会有很多新客户涌入。但必须看到,高端客户的示范效应很强,欠发达地区客户的需求,也会很快向高端客户看齐。

这种需求的多元化导致旅游服务项目化、定制化的程度越来越高。我认为旅游供给方的核心竞争力也在发生变化:从原本的成本竞争力,转向筛选竞争力、文化竞争力和整合竞争力。

筛选竞争力,体现在对客户,尤其是高端客户需求的理解和预测上。

文化竞争力,体现在高端客户需求的满足和引领上,不仅要满足客户需求,还需要引领需求的方向。

整合竞争力,体现在对后台供应商体系的管理上,毕竟包括携程在内的任何旅游企业,都不可能占据旅游业吃、住、行、游、购、娱的全部资源,必须形成各自的供应商体系。而且由于客户需求的多样性,这些资源还必须具备较好的动态变化能力和弹性。尤其对于高端客户市场,很多资源可能还必须是专有的,与其他市场不通用。而这些专有的资源,如餐饮选择服务、车辆租赁服务等,有的已经成为高端客户的使用习惯,如何整合资源提供服务,将是对服务方的巨大挑战。

资本的力量是强大的,可以让昨天在战场上打得"你死我活"的对手,今天就坐到谈判桌的两边,甚至"你搂我抱",成为一个战壕的战友。但"蜜月"总是短暂的,未来旅游客户市场的变化,才是核心决定要素,结局到底是"白头偕好",还是"同床异梦",让我们拭目以待!

但所有的旅游服务供给者都必须明白:要想走得更远,唯有客户陪伴!

注 释

1. 此观点由北京日报记者孟超提出。
2. 戴斌,中国旅游研究院院长。
3. 此观点由成都商报记者何筝提出。

文章重点

◎ 任何的企业行为都受到两个市场因素的影响:一个是资本市场;一个是客户市场。

◎ 资本或许可以强势划分势力范围;但客户差异化才能优胜劣汰。

◎ 区别于原有旅游需求的"去","为什么去"及"和谁去"成了客户的关注点。

◎ 高端客户的示范效应很强,低端客户的需求很快向高端客户看齐。

◎ 旅游业核心竞争力正在发生变化:从原本的成本竞争力,转向文化竞争力、筛选竞争力和整合竞争力。

延伸阅读

◎《中国在线旅游研究报告(2014)》,北京旅游发展研究基地编。

◎《后物欲时代的来临》,郑也夫著。

企业与人生

过去,家里有了孩子,都要起个"贱名",意思是为了让孩子不为妖魔光顾,便可消灾免祸、身体健康。

一直想写一些不是定位于让企业做大做强,而是好好活着的话。

以下联系人生,从发展路径、寿命、资源等方面来说明企业怎样好好活着。先从小孩说起。

过去的孩子都要有个"贱名",意思是为了让孩子不为妖魔光顾,便可消灾免祸、身体健康。虽然是一种迷信,却也是一种文化,体现了家长对孩子的期望:不求大富大贵,但求长命百岁。现如今社会发展了,家长们似乎更热衷于对孩子成功的关注了。

我一不留神已经40挂零,据考证中国男性平均寿命为75岁,这样看来,即使我算运气好的话,也应该是活了半辈子了;运气不好的话,这一辈子就应该过去大半了。回头看看小时候熟悉的人的"发展路径",颇有些感悟。有一些小时候被大人寄予厚望的,自己也抱负远大,要成名成家的,却早已趋于平庸,过着平凡的生活了。倒是有些不被看好也不被关注的,甚至自己也认为不会有多大出息的,活得反而有滋有味。因此经常辗转反侧,觉得这世界是怎么了,命运为何如此爱开玩笑,叫人如此哭笑不得。

一不小心搞了管理,先做点管理,再教点管理,于是有机会多研究点企业。中国企业看看,日本企业看看,猛地发现,企业的"发展路径"好像与人生也很相似。几年前企业界有个流行的目标叫打造"百年老店",可真正能做到的实在不多。企业的寿命也确实不能算长,估计平均寿命比人短多了。仅就寿命而言,客观地来看一些统计数据,截止到2011年,全球百岁以上老人的数量超过31万人,其中日本有近5万个百岁老人,中国的百岁老人也超过了1.4万人。再来看看企业,日本NHK电视台拍了一个纪录片,里面的统计数字是,超过200年的长寿企业,日本大约有3000家,欧洲的德国和荷兰各有300家左右,中国只有十几家。仔细研究发现,这些"长寿企业"的共同点都是不太起眼,甚至离我们观念中认为成功的标准,都相差颇远。看起来,企业想长寿比人要难很多。从某种意义而言,长寿本身就是成功,甚至是超越了我们传统理解的"成名成家""做大做强"的成功。

记得曾有人号称成功可以复制,还写了本书。可我觉得这个世界最不可能复制的就是成功,成功往往是很多因素,恰巧汇集在某一个时间点才造就的结果。有一个因素出现了偏差,结果可能就是失败。既然如此,我们倒不如去总结总结失败,也许能离成功稍近一点。那么,从我熟悉的同龄人来说,为什么有些被寄予厚望,自身各方面条件也不错的,最终却没有如所预期的那样实现目标呢?

其中值得探讨的影响因素很多,问题之一在于,被别人赞赏虽然是一件很愉悦的事,无论是孩子或是企业,但往往赞赏的"标准"会因人而异、因时而异。换句话说,赞赏的标准是动态变化的，一会儿这样值得赞赏，一会儿那样值得赞赏。这对被赞赏者而言无疑是一件麻烦事了，常常导致习惯了被赞赏的人要不断地调整和适应。更麻烦的是，一旦被贴上成功的标签后，家长或是企业的领导人，就会习惯于主导孩子或企业不断地去迎合标准的变化。误以为短期的赞赏就能带来远期的成功，甚至不惜修改目标以获得赞赏，不知不觉中开始习惯于短期行为，忘记了长期的目标。结果是，"有心栽花花不开"！

不仅仅表扬有可能对孩子或初期的企业带来伤害，即使是善意的批评也不一定产生好的效果，因为这需要具备较强的消化能力。这个消化能力指的就是把外部的建议转化为适合自身特点的、能产生积极效果的能力。这无论对于尚未成熟的孩子或是企业，都不是一件容易的事。

五四运动中蔡元培[1]先生曾说：杀君马者道旁儿。这是引用《风俗通》[2]的典故："长吏马肥，观者快之，乘者喜其言，驰驱不已，至于死。"意思是说，杀你的马的人就是那些在旁边给你的马鼓掌的人，爱之者就是害之者。如此看来，无论是表扬还是善意的批评，对于年幼的孩子或是企业，都有可能产生不良结果。

回过头来，再看看那些小时候不太受关注的孩子们，为什么他们最终很多都活得不错呢？究其缘由，其中很重要的一点是他们既不需要经常企望别人的赞赏，也没有太多人给他们过多的"建议"，由于没有过多的干扰，他们有可能自由地成长。而且由于竞争的需要，或者说多少希望得到一点关注的需要，他们不断挖掘自身的比较优势，同时利用所能获得的所有资源，不断加强这个比较优势，最终反而"无心插柳柳成荫"，获得了成功。

当然若从获得"资源"的角度来看，也有观点认为，获得关注有可能拥有更多的资源。毕竟资源是稀缺的，因为得到的关注多，分配到的资源也更多，发展的机会也更大。随着市场经济的发展，是选择倾斜资源帮助弱者发展，还是鼓励领先者利用优势地位压榨弱势企业以获得垄断利益，客观上制约行业进步？

若就"资源分配机制"而言，学术界也各有不同的观点。从实际案例来看，美国NBA的机制是尽可能平衡不同队伍的实力，球队所有者再富有，也有花钱的上限（"工资帽"的限制），不能无限制地拥有顶级球员；而很多国家的足球市场则形成了富豪们的乐园，几家欢乐几家愁。可见，市场经济的很多领域仍然需要机制的制约，以保障良性发展。由此看来，未来"资源的分配机制"将何去何从，尚未定论。从另一个层面而言，即使获得了较多的资源，也未必有益。因为这还与资源的使用能力密切相关，把过多的资源交给能力有限的人，无异于拔苗助长，有百害而无一利。这方面的案例比比皆是，无须赘述。

当前，越来越多的企业家们选择走进课堂，这本是好事，但当我发现，他们的目标多为期望把企业更快地做大做强时，又让我隐隐地开始有点担心，也是促使我开始思考并写下本文的原因。希望有越来越多的企业家能够明白，做大做强需要机遇，虽然说"机会是留给有准备的人的",但客观上,有准备的人也是很多的。就像人一样,不是每个人都可以成名成家,大多数人只是好好地活着。也不是每个企业都能做大做强,与其把目标定位于大和强,不如俯下身来,找到自己的本质,回归自己的本质,专注于自己的本质,把根扎得更深些,把活得更长作为目标。

毕竟,笑到最后的才笑得最好!

注 释

1. 蔡元培,字鹤卿,中华民国首任教育总长,1916年至1927年任北京大学校长,革新北大开"学术"与"自由"之风;主持制定了中国近代高等教育的第一个法令——《大学令》。

2. 《风俗通》,也叫作《风俗通义》,以考证历代名物制度、风俗、传闻为主,对两汉民间的风俗迷信、奇闻怪谈多有驳正,保存了不少有关音律、乐器、神灵、姓氏源流的资料,是研究两汉社会生活史的重要文献。

文 章 重 点

◎ 长寿本身就是成功,甚至是超越了我们传统理解的"成名成家""做大做强"的成功。

◎ 由于赞赏的标准是动态变化的,不断地去迎合标准的变化,误以为短期的赞赏就能带来远期的成功,甚至不惜修改目标以获得赞赏,不知不觉中开始习惯于短期行为,忘记了长期的目标。

◎ 与其把目标定位于大和强，不如俯下身来，找到自己的本质，回归自己的本质，专注于自己的本质，把根扎得更深些，把活得更长作为目标。

延 伸 阅 读

◎《成长的逻辑》，杨杜著。

◎《快思慢想》，Daniel Kahneman 著。

互联网 + 管理思维创新

- 互联网思维就是回归价值本质
- 京东还是阿里？屁股的困惑！
- 大数据是来挽救云服务的
- 「以价值引领」到「以价值观引领」
- 从「打车软件」说开去
- 千面女郎还是变形金刚
- 免费的意义
- 微信营销——地狱还是天堂？
- 众筹到底筹什么？

互联网思维就是回归价值本质

［互联网］一词来源于英文单词［internet］，就英文的字面理解，net 是网络的意思，inter 作为一个前缀，有［中间］［互相］等意思，因此［internet］直译是［位于中间的网］。

2014年的"双十一"和"双十二",电子商务企业赚得盆满钵满,网络企业的掌门人们也开始和传统企业家叫板。先是有马云与王健林的亿元赌约,后来又有了小米雷军和格力董明珠的10亿豪赌。八卦之余,我觉得这样的赌约可能不是互联网企业家们的自我膨胀,而是伴随着资本和公众越来越多的追捧,以及互联网得到了越来越多关注的结果。

"互联网思维"一词因而成了当前最热的词汇,越来越多的组织开始关注互联网,越来越多的企业家希望把自己的企业引入互联网。那么,到底什么是"互联网思维"?组织又如何才能让自己具备越来越多的互联网基因呢?是开设企业网站,是让员工都上网工作,还是把业务搬到网上?

如何让自己的企业尽快向互联网靠拢,成了企业家思考的中心问题。

"思维"指的是从问题入手,找到解决问题的方法的过程。因此首先要明晰"互联网思维"要解决的问题,就是组织互联网化,其目标就是找到组织解决互联网化的方法和路径,这是组织互联网发展的核心。

"互联网"一词来源于英文单词"internet",就英文的字面理解,net是网络的意思,inter作为一个前缀,有"中间""互相"等意思,因此"internet"直译是"位于中间的网"。而中文翻译的"互联网"中,"互"表明互相,"联"表明"联结","网"表明网络,这三个字的意思仍为"互相联结的网络"。

可见,互联网的核心是"连接",而连接的目的是形成网络。我把网络分为广义和狭义两种类型。广义的网络,我把它称为"社区",在社区里,你可以选择和别人发生联系,也可以选择不和别人发生联系;而狭义的网络,我把它称为"系统",在系统里,你没有选择,必须要和别人发生联系。因此,企业或组织的互联网化也可以分为两种类型:"社区型"和"系统型"。其中"系统型"又可以分为"简单系统型"和"复杂系统型"。

所谓"简单系统型",也就是你在线下就属于某个系统,比如你在某个行业中或是在某个产业链中,有供应商和客户等;现在这个系统部分或全部互联网化了,你也把自己搬上网络,互联网化了,可能是你在网上销售,也可能是你在网上采购,换言之,你在线上和线下做着同样的事。当然,由于系统搬上了网络,你的组织管理方式肯定或多或少地做了很多调整,甚至变革,但没有因为搬上网络而导致整个系统发生什么重要变化。这类互联网化,我称为"简单系统型"互联网化。

所谓"复杂系统型",是指因为系统搬上网络,系统自身发生重大变化,如供应链发生变化,你原来的产品是卖给下家客户的,现在下下家来找你了,甚至最终用户也来找你了。这种情况

的出现，存在两种可能：一是原来的供应链是物流链，后端客户找你是希望降低成本；二是原来的供应链是生产链，这种比较复杂，大部分后端客户找你的原因可能是希望你来牵头提供现有产品的整体解决方案，还有可能是希望你提供一些目前无法解决的，或是新产生的相关需求的解决方案。

依据上述分析，"组织互联网化"是分阶段的，总的路径就是：社区型—简单系统型—复杂系统型。你建立了网站，连入互联网，你就成为了"社区型"，但这时你是被动的、未被唤起的，很可能被淹没在网络海量信息之中，对企业而言毫无价值。你若引导或跟随组织原来所属的产业链，把业务搬上了网络，就完成了简单系统型的阶段。这种只是线下业务上线，给企业带来的可能是效率的提升。而通过抢占价值链信息流程核心位置，变革原先的简单系统，在网络上建立起不同于原有业务模式的、新的、更复杂的系统，就是"组织互联网化"的终极目标。

在互联网化的变化过程中，对组织或企业而言，都有可能产生新的商业机会，其产生的核心原因是"信息权力"的再分配。第

一轮机会常常出现在简单系统型的形成过程中,通过"搬家"过程,能够抢占原有产业链信息流程的关键环节,同时优化自身的管理体系,以更适应在网络上开展现有业务,获得优势。第二轮机会往往出现在复杂系统型的形成过程,因为价值链条的打破和重组,信息权力得以彻底的重新分配,有可能产生创新的产品和服务模式。

那么,在互联网化的过程中,什么有可能帮助组织在变化过程中打破原有格局,获得核心地位、取得优势的能力?

网络的价值在于"连接"。换言之,"连接能力"是网络社会的核心能力。在一个不规则的网络体系中,关键的位置是交点,更关键的位置是多个网络的交点。如果我们把网络想象为一个或多个信息流程的组合,那么这样的交点意味着或是要具备极强的信息接收能力,或是要具备极强的信息处理能力。当然两者兼具是有难度的,大多数企业是选择一种方向去努力。

一个商业系统的信息来源是市场,或者说是客户。因此,信息接收能力的核心是获取客户需求信息的能力,使得企业成为客户需求的总入口,这也是大多数平台企业的发展思路。这包括两种方式:一种是获得全部客户某一类需求的能力,另一种是获得某类客户全部需求的能力。无论是哪一种,其核心是依据客户行为的分析和总结,形成对客户需求的预测、挖掘和引导,辅助客户决策。

信息处理能力，意味着组织能够处理多种问题，在不同产业链或价值链中生存，为不同需求提供解决方案。也许有朋友会问：这是指多元化吗？我认为多元化与专业化的区别是：专业化是基于一个专有核心知识；多元化是对组织专有核心知识的延伸。比如一个咨询公司具备了连锁店铺选址算法，那就可以既为便利店行业服务，又为餐饮行业服务。当然你不能把便利店选址的模式直接照搬到餐饮行业，还要增加不同的调整变量。便利店行业有便利店行业的调整因素，餐饮行业有餐饮行业的调整因素，但是你的核心算法可能是一致的。这个核心算法就是这家咨询公司的专有核心知识。你可以凭借这个核心知识不断延展，在延展的过程中关注客户的使用过程，对过程信息不断分析、总结，再优化核心知识。就像武侠小说里的"吸星大法"，不断把别人的经验导入自己的知识系统，当到达一定阶段，你就因此具备了整合资源的能力。当然，这一切的前提，是你有最初的专有核心知识。遗憾的是，虽然有很多的企业存续了较长时间，有很多的经验、很强的经营能力和很好的行业地位，但没有形成专有核心知识，更不具备自我优化能力。这些企业，很可能最终成为互联网牌局中的出局者。

信息接收能力强的组织，最终数量是有限的，正像平台企业最终是有限的一样。大多数企业的选择，是提升组织的信息处理能力。通过处理能力的持续提升，与更多的行业或企业连接，整合更多的资源，形成更强的竞争力。

互联网+管理思维创新

在我看来，互联网没有那么神秘，它只是让你的竞争环境更加复杂、更加激烈。你原先不知道的，甚至想象不到的对手会突然出现在你的面前，抢走你的市场和客户。当然它还可能是把超出你能力范围的客户突然推到你的市场中，甚至直接推到你的面前，让你不知所措，欣喜若狂，但同时也让更多的人了解到这个市场，进来与你竞争。正因如此，互联网逼迫你去探究你的组织核心价值，去形成你的专有知识，去持续优化你的专有知识。总之，互联网不允许你小富即安；相反，你必须不断地奔跑，还要不停地判断方向。

这一切的基础就是，你必须回归你的价值本质！坚守你的价值本质！延伸你的价值本质！

文章重点

◎ 互联网的核心是连接，而连接的目的是形成网络。

◎ "社区型"是被动的、未被唤起的，对企业而言毫无价值；简单系统型只是线下业务上线，给企业带来的可能是效率的提升；复杂系统型是通过价值链信息流程核心位置的抢占，变革原先的简单系统，在网络上建立起不同于原有业务模式的、新的、更复杂的系统，是组织互联网化的终极目标。

◎ 新的商业机会，第一轮出现在简单系统型的形成过程中，通过搬家过程，能够抢占原有产业链信息流程的关键环节，同时优化自身的管理体系，以更适应在网络上开展现有业务，获得优势；第二轮机会往往出现在复杂系统型的形成过程，因为价值链条的打破重组，信息权力得以彻底的重新分配，有可能产生创新的产品和服务模式。

◎ 如果我们把网络想象为一个或多个信息流程的组合，那么这样的交点意味着或是要具备极强的信息接收能力，或是要具备极强的信息处理能力。信息接收能力的核心是获取客户需求信息，信息处理能力，意味着组织能够处理多种问题，在不同产业链或价值链生存，为不同需求提供解决方案。

◎ 多元化和专业化的区别是：专业化是基于一个专有核心知识；多元化是对组织专有核心知识的延伸。

◎ 互联网逼迫你去探究你的组织核心价值，去形成你的专有知识，去持续优化你的专有知识。总之，互联网不允许你小富即安；相反，你必须不断地奔跑，还要不停地判断方向。

延 伸 阅 读

◎《追求卓越》，汤姆·彼得斯等著。

◎《创新的本质：日本名企最新知识管理案例》，野中郁次郎等著。

京东还是阿里？屁股的困惑！

2015年11月，京东向国家工商总局实名举报阿里巴巴集团扰乱电子商务市场秩序，要求商家对京东和阿里进行「二选一」的行为。今年「双11」的阿里和京东之间的「猫狗大战」再次拉开大幕。

俗话说：屁股决定脑袋，文雅一点的表述是"位置决定想法"。意思是坐在什么位置上，往往决定了思考的角度和范围。在生物系统中，脑袋才是中枢，指挥所有的器官，朝着生物体的唯一目标——"活着"而努力，应该不关屁股的事。

这只是生理学常识，从心理学和行为学的角度来看，人一般从实践中学习。做一件事，刚开始还是要动动脑筋去分析总结的，但驾轻就熟、得心应手后，就逐渐容易形成思维惯性和行为惯性，不再动脑筋思考，习惯于沿袭之前成功的方法，甚至"打压"不同的做法。也就因此从一开始的"脑袋决定"变成了"屁股决定"。

我在"战略管理"课的教学中把这种现象归纳为：成因"定位"，败因"腚位"。组织创业伊始，深入研究市场、竞争对手和客户的特征，结合自身优势为自己找到了准确的"定位"，因而获得了成功。但组织发展过程中，忽略市场、竞争对手和客户的不断变化，固守原先的位置，"腚位"不变，最终被市场淘汰。

"淘宝"和"京东"的商业模式，并非世上首创，主要基于产业经济学的"集聚效应"原理。盖因供应链成本和采购成本的考量，各种产业和经济活动在物理位置上集中产生的经济效果，吸引了更多经济活动靠近的向心力。

一个家庭主妇，为了方便买到所有物品，更倾向于到大型菜场或超市采购物品。因为大型菜场和超市汇集了齐全的货物，于是更多的人被吸引来购物。一个汽车组装厂,希望零部件供应商离自己越近越好,而这样供应商聚集的区域,会吸引更多的汽车组装厂前来落户。诸如此类的"一站式"需求,带来了商业组织和商业活动的集聚。但聚集的商业组织多了,寻找合适的商品就成了困扰。为了节约消费者的时间,很多大型商场往往都根据不同的商品种类,划分区域,同时在指示牌上动足了脑筋,希望帮助消费者最快地找到所需的商品,但还是解决不了问题。

网络和信息技术的发展,为问题的解决提供了手段。在网上开个大市场,需要什么,直接使用搜索功能,瞬间卖家就出现在面前。消费者再也不用为买不到东西而烦恼,再加上网络支付安全问题的解决,因而网络购物越来越发达,每年的11月11日也成了购物的狂欢节。

于是,"平台"们的思维惯性开始慢慢形成:商家集聚、商品搜索、支付现在都不是问题了,只要销量高,就能赚到更多的钱。因为看上去闭环已经形成,客流大就会下更多的单,更多的单就会有更大的销量,更大的销量就可以促使价格更低,价格更低就会吸引更多的客流。更何况销量大了,平台的关注度也会更高,去年"双11"每一分钟交易量的攀升,都会引发各方包括政府高层的关注,平台的宣传效果也就达到了。

既然这样,平台该干什么就一目了然了,那就是"一边拉客,一边逼着商户降价"!从这个角度来看,京东与阿里的"吸引客流量、绑定商户"的竞争行为就易于理解了。为了争抢客户,甚至逼着商户不得不选择一方来"站队"。

看上去是商户困惑于选择"屁股""坐"在哪边,但我的观点是阿里与京东迷失了方向,出现了"屁股决定脑袋"的问题。

战略管理是基于竞争需求的,正是因为竞争,才需要差异化。通过之前的商业模式,阿里和京东"剩者为王"了。但毋庸置疑,当前的竞争有同质化的倾向。尤其在"寡头垄断"的市场环境中,因为存在的供应方(商家)数量很少,因此商家每一个基于竞争的行为,不仅要考虑其可能带来的短期收益,还要考虑到对手可能的反应。更重要的是,这个行为本身还在向消费者传递着你的价值取向和竞争理念。对同一个目标,是采取"损人利己"的行为,还是实现"共赢"的行为?是采取"不顾消费者"的方式,还是"顾客至上"的方式?是"拉低"底线的,还是"引领"进步的?是"负能量"的,还是"正能量"的?选择错了,即使取得了短期收益,但也在消费者心中留下了负面印象,那就是"捡了芝麻,丢了西瓜"。

在之前的闭环中,容易混淆的一个概念是销量和成本的关系。成本确实和销量有关,在一定的范围内,销量越大,成本会越低。但成本和销量产生的时间长短,其实关系不大。换句话说,同样大的需求量,是一天产生,还是一年产生,对于生产企业来说,对成本的影响是同样的,成本降低的水平基本是同样的。但站在生产视角,宁愿大量的需求是稳定的、可预测的产生,而不是波动的、不可预测的。大量订单在极短的时间内产生,对生产企业而言可能反而是个"灾难"。

为了解决这样的"波动"需求，企业可能不得不做出某些牺牲，我认为首当其冲的就是服务。每年"双11"的销量，无论对于物流配送企业还是生产企业，都是一个巨大的压力。可能每个销量高点的产生，他们都是"悲喜交加"，"喜"的是卖出了更多的产品，"悲"的是"瞬间快感"后的难以应付。

这些后果最终一定都会传递到客户身上，影响客户的体验。而且随着经济的发展和社会的进步，客户的需求也在发生变化。不仅要了解在哪里能够买到产品，更需要产品和商家品质等级的信息，来帮助做购买的决策。

由此可见，目前阿里与京东竞争的战场已经发生了变化，首要的关注点必须聚焦于消费者，帮助消费者买到心仪的商品，并在消费过程中获得满意的客户体验，同时必须重新构建与包括商户在内的供应商体系的关系，变"绑架"为"帮助"，变"压榨"为"共赢"，成为"真正"的伙伴。当然，如何看待不多的竞争对手也是重要的，俗话说"小成功靠朋友，大成功靠对手"，好的对手往往能激发潜能，创造奇迹。就像在很多的书中，对手最终会产生"惺惺相惜"的感觉，其实尊重对手就是尊重自己。

屁股常常决定脑袋，能免俗的不多。要规避这个"陷阱"，一是要时时关注环境的变化，不断主动地变换自己的"位置"；其次要能够"换位思考"，换了位子，也许就换了不同的角度考虑问题。当然，这也不是易事。我想关键是要建立起不同利益、不同地位的群体之间的沟通机制，给予同等的尊重，倾听更多不同的声音，包容更多不同的观点。如此，才能确保决策的科学性、民主性，才有可能克服用"屁股思考"带来的片面和狭隘，才能彼此理解和容让。

注释

1. 京东集团微信公众号"京东黑板报"最新发布相关信息，人民网、新华网等媒体相继报道。

文章重点

◎ 做一件事，刚开始还是要动动脑筋去分析总结的，但驾轻就熟得心应手后，就逐渐容易形成思维惯性和行为惯性，不再动脑筋思考，习惯于沿袭之前成功的方法，甚至"打压"不同的做法。也就因此从一开始的"脑袋决定"变成了"屁股决定"。

◎ "淘宝"和"京东"的商业模式，并非世上首创，主要基于产业经济学的"集聚效应"原理。盖因供应链成本和采购成本的考量，各种产业和经济活动在物理位置上集中产生的经济效果，吸引了更多经济活动靠近的向心力。

◎ 战略管理是基于竞争需求的，正是因为竞争，才需要差异化。

◎ 在"寡头垄断"的市场环境中，因为存在的供应方（商家）

数量很少，因此商家每一个基于竞争的行为，不仅要考虑其可能带来的短期收益，还要考虑到对手可能的反应。更重要的是，这个行为本身还在向消费者传递着你的价值取向和竞争理念。

◎ 成本和销量产生的时间长短关系不大。同样大的需求量，是一天产生，还是一年产生，对于生产企业来说，对成本的影响是同样的。但生产商宁愿大量的需求是稳定的、可预测的产生，而不是波动的、不可预测的。

◎ 客户的需求在不断发生变化。不仅要了解在哪里能够买到产品，更需要产品和商家品质等级的信息，来帮助做购买的决策。

延 伸 阅 读

◎《商业模式新生代》，Alexander Osterwalder 等著。

◎《创造知识的企业：日美企业持续创新的动力》，野中郁次郎著。

大数据是来拯救云服务的

围棋中有一个术语称为"要点",往往是棋局中双方争夺的重要位置所在。

微软在2012年6月28日正式发布Office 365，用户需以每月付费的方式，购买微软的软件服务。这标志着两个重要信号：

（1）微软的商业模式从卖产品转变为卖服务；

（2）作为应用最广泛的桌面办公软件服务端，从桌面转到了云端。

"云"，作为一个计算机概念，区别于传统意义上的"蓝天白云"，源于Google的内部项目，由Google首席执行官埃里克·施密特在2006年8月9日的搜索引擎大会（SES San Jose 2006）上首次提出，随之，在学术领域首先应用。2007年，美国一些著名大学开始与一些大型的IT服务商展开云计算的相关合作，目的是利用分布式计算技术，降低学术研究成本。

经过数年的技术发展，并运用外包的商业思路，云计算已经基本达到最初的设定目标。即将不同组织的复杂处理需求分离出来，提供多方共享的过程处理服务，再将处理结果回传给用户。这一模式可以降低单个用户的建设和使用成本，并享受更专业的过程处理服务。

云的外包服务模式，一直得到了包括政府和各类企业的关注，但其商业发展之路并不顺利，在解决了众多困扰其推广的技术难题之后，仍有很多疑惑纠结在使用者心头。除了广受关注的信息安全问题之外，企业似乎总有一些莫名的、无法言表的担心。总是觉得有点问题,但又不知道问题出在哪里,这是什么原因呢?

关于企业互联网化的机会和挑战,我有一个观点是在互联网化的变化过程中,组织或企业有可能产生新的商业机会,其产生的核心原因是信息权力的再分配。其实现方式就是通过抢占价值链信息流程的关键环节,变革原有系统,在网络上建立起不同于原有业务模式的、新的、更复杂的系统,完成价值链的彻底重组,产生创新的产品和服务模式。

围棋中有一个术语称为"要点",往往是棋局中双方争夺的重要位置所在,也分为"全局要点""中盘要点""局部要点"等。任何商业活动的目的都是创造消费者愿意为之付费的价值。消费者心目中的价值,往往是由一连串的企业,通过运用各自的资源和能力,展开众多的具体活动,进行组合而最终形成的。但是,在这些"活动"集合中,不是每一个活动创造的价值都是相同的,甚至不是每一个活动都是创造价值的。所创造的价值,大多时候实际上来自价值链上的某些特定的价值活动,而这些真正创造价值的活动,就是价值链的"战略环节",或者说是"要点"。企业在竞争中的优势,尤其是能够长期保持的优势,说到底,是企业在价值链某些特定的"战略价值"环节上的优势,抓住了这些关键环节,也就抓住了整个价值链。那么,什么是价值链流程的"全局要点"或"战略要点"?

传统产业链是基于物流的，因此其要点往往是"系统集成"点。如在汽车领域，汽车的最终组装是一个集成点，其功能是控制和协调汽车各系统满足市场需求，无疑是要点；变速箱、发动机和底盘等也都是系统，都存在着系统集成，其功能是控制协调各组成部分满足汽车组装要求，这样的集成点往往也是要点。在传统产业链中，汽车组装厂占据着全局要点，但随着信息技术的发展带来的信息收集和处理成本的降低，信息已经带来了价值要点的改变。如渠道厂商由于获取了第一手消费者信息，可以通过这样的信息形成对本产品的大批量采购而直接影响厂商的生产，因此占据了更重要的要点，这种现象已经在家电领域上演。

在新的技术条件下，要点还会发生变化。如随着电动汽车的普及，由于电池充电的特殊性，电池的电能状况将会成为一辆汽车的重要信息，你必须及时了解电池的电能信息。由于充电需要时间，你还必须将电能状况与最近的充电桩匹配，以降低等待时间。因此，掌握了电池信息和充电桩信息，就很可能抢占价值链全局要点。

我们发现，成为要点的条件，除了具备自身功能外，还需要与其他系统相连，并对多系统信息进行综合处理。越是重要的要点，与之相连的系统会越多；当然，反之也成立，当很多系统连接到一个系统，那么这个系统自然就成为全局要点。就像围棋中，你的每一个地盘最后都连通了，那个最中心的，连接各部分的棋子就自然变成了"棋筋"。

现在我们终于明白，为什么"云"虽然可以降低企业的成本，提供便利的服务，但仍然有众多企业会心存顾虑，其原因就是担心"养虎为患"。这种担心反而使"云服务"的商业发展之路很不顺利。

是否存在解决之道呢？我觉得是有可能的，这需要去深入研究处理过程，因为数据处理过程本身也会产生数据。由于处理的基础数据来自于其他系统，处理过程中产生的数据很可能具有更大的价值。但是目前这些价值大多被忽略了，因为这些处理过程中产生的新数据，往往需要结合专业视角来解读，通过解读形成知识，用来指导活动。比如，当企业的员工使用Office 365的云服务，云端可以打通Word和邮件等Office系统，记录某位员工的工作活动过程，为企业提供"定制化"的过程数据服务，可为企业评估员工绩效提供依据等。

对于企业而言，大数据的提出为其提供了一个可能的机会，就是通过过程数据的记录，为企业提供过程分析，尤其是员工活动过程的相关数据分析，这些分析结果可用来帮助企业提高管理能力。这些价值，是企业无法依靠自身能力实现的。而这可能是"云计算"被企业接受的切入点，使企业不再心存顾虑，不再担心"养虎为患"。"云服务"的商业发展之路自然也就"柳暗花明"了。

文章重点

◎ 在互联网化的变化过程中,组织或企业有可能产生新的商业机会,其产生的核心原因是信息权力的再分配。

◎ 真正创造价值的活动,就是价值链的"战略环节",或者说是"要点"。企业在竞争过程中能够长期保持的优势,是在价值链特定的战略价值环节上的优势,抓住了这些关键环节,也就抓住了整个价值链。

◎ 价值链流程的"全局要点"或"战略要点",从传统的物流汇集点向信息汇集点转变。

◎ 通过过程数据的记录,为企业提供过程分析,尤其是员工活动过程的相关数据分析,这些分析结果可用来帮助企业提高管理能力。这些价值,是企业无法依靠自身能力实现的。

延伸阅读

◎ 《大数据时代:生活、工作与思维的大变革》,维克托·迈尔-舍恩伯格,肯尼斯·库克耶著。

◎ 《IBM商业价值报告:大数据、云计算价值转化》,IBM商业价值研究院著。

从"以价值引领"到"以价值观引领"

越来越多的已经被移动互联网撩拨的,或是挤榨的食难咽、寝难安的企业家们纷纷跃跃欲试,迫不及待地想搭上互联网这班车。其实不是票难买,而是很多人根本就没有买票的资格!

在安徽交通广播的一期节目中，主持人让我评论关于携程与消费者签订不公平条款，消费者退票遭遇损失的案例，引发了我的思考。携程在中国率先建立了一个旅游生态系统，整合了售票、酒店等旅游资源，目的是为消费者提供更好的旅游体验。其实开始确实做得不错，得到了消费者的认可，在美国上市。携程为何从1999年成立至今短短15年间就沦落到了今天要用损害消费者利益的方式来逐利的地步？

近期我参加了一个高峰论坛，有一位80后少年在众多企业界大佬面前侃侃而谈地介绍他的商业模式：帮助传统企业找到产业链里最有价值的点，运用移动互联的工具帮助企业整合并获益，这些服务都是"免费"的。但企业获利后，要以较低的价格出让5%~10%的股份给他。当然，这位少年只是个走上台前的角色，在他背后一定站着很多的资本方。这个模式一说完，台下已经被移动互联网撩拨的，或是挤榨的食难咽、寝难安的大佬们纷纷跃跃欲试，迫不及待地打算与少年合作了。

经济学领域有个"后发劣势"的观点，英文名称叫"curse to the late comer"，就是"对后来者的诅咒"。其大意是说，落后的个人、组织或是国家，由于发展比较迟，所以有很多东西可以模仿发达的个人、组织或国家。模仿有两种形式，一种是模仿制度，另一种是模仿技术和模式。特别是后发者很多时候可以在完全没有基础制度的情况下，通过技术模仿实现快速发展，取得先发者必须在一定制度支撑下才能取得的成就。尤其是落后者由于制度模仿难度较高,更倾向于直接模仿技术。但是,落后者虽然可以在短期内取得非常好的发展,但是会给其长期的发展留下许多隐患,甚至长期发展可能失败。

近日重温金庸先生的武侠书,《天龙八部》里的慕容博和萧远山因强练"少林七十二绝技"而身体受损。《侠客行》里"玄铁令"主人谢烟客传授给石破天两种极阴、极阳的内功,想让他走火入魔而死,以绝后患。《倚天屠龙记》里灭绝师太告诫周芷若修炼《九阴真经》可以速成,但是在帮助峨嵋派一统天下后,还是必须要从筑基的基本功从头练起。其实书中处处隐含着后发者想弯道超车可能会发生的风险。

我在分析电子商务网站时的观点是:消费者的第一次购买,往往是因为"价值",或者更直接地说是因为"便宜"。这个阶段是电子商务的第一个阶段,往往会持续一段时间。此时商家的目的是迅速扩大规模,增加客户数量。但是必须承认,"便宜"是难以长久的,初始的价值可以通过不断降低价值链中的成本获得(这个"成本"指的是产品或服务本身的成本和供应链成本的总和);也可以采用降低生产成本或是减少中间环节等方式来降低成本,但这个成本的下降是有限度的。当中间环节的成本已经几乎没有了,能挖掘的生产成本也挖完了,能降低的都已经降低了,再降低就是逼着生产者或服务提供者降低质量。这将是商家和客户的"双输"局面。因此,商家必须尽快进入第二个阶段。

电子商务的第二个阶段是"价值观"阶段,目的是建立"信任",也就是我们通常所谓的"黏性"。客户数量到达了一定的规模,必须对客户进行分类,分类的目的是进一步降低"成本"。但这时候的"成本"和之前的"成本"是不同的,这时候的"成本"指的是"效率成本"。你能够低成本地帮助客户进行个性化筛选,帮助客户进行个性化判断,客户因此获得了更大的收益。很多客户(尤其是高端客户)往往更看重"效率成本",甚至因此可以接受略高于市场均衡价格的价格。

什么样的客户会跟你产生信任?我认为"价值观"的认同是建立信任的基础。正是因为价值观相同,客户才会相信你和他是同一类人,才会相信你为他所做出的筛选和判断,才会因此愿意支付费用。你也因此才能从不断追求"便宜"的泥潭中爬上岸。而分类是你找到"价值观"相同客户的必经之路。基于同样的原因,那些"价值观"与你相同的供应商和合作伙伴们也会和你越来越紧密。

我认同移动互联网带来的信息传递成本的边际递减的观点。但是,我们第一个阶段要利用这种边际递减来传递的是产品和服务的"价值"信息;而第二个阶段,我们要传递的必须变为"价值观"信息。你越早进入第二个阶段,你的优势就越大。

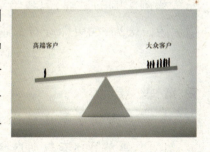

"高端客户"对于大众客户往往有引领作用,而随着时间的

推移，会有更多的大众客户变成高端客户。抓住了高端客户，往往能产生事半功倍的效果。

但是，在商业过程中，商家最常犯的错误是：捡了西瓜（大众客户），丢了芝麻（高端客户）。首要原因是资本逐利的结果，资本总是告诉你：规模！销售额！还不断让你：越快越好！为此给你钱，让你购买工具。

在现实中还有一种可能，就是即使高端客户发现了你，但他们仍然不选择你，因为你的价值观配不上这些客户。一旦高端客户离你而去，那些因为价值跟你一起组成所谓的"生态系统"的合作伙伴们，也会因为无便宜可占，离你而去了。

商业的"本质"是让某些客户追随你，如果还可以选择的话，那么我希望追随我的都是高端客户！那么，你要做的就是和他们的价值观一样，最好，你还能引导他们！

如果说移动互联将会最终影响所有行业、企业和人的话，我无法猜测影响的过程，但我始终坚信影响的结果一定是让你回归本质。因为，如果你没有本质，你就没有存在的意义！

文章重点

◎ 落后者由于制度模仿难度较高，更倾向于直接模仿技术。但是，虽然可以在短期内取得非常好的发展，但是会给长期的发展留下许多隐患，甚至长期发展可能失败。

◎ 消费者的第一次购买,往往是因为"价值",或者更直接地说是因为"便宜";第二个阶段是"价值观"阶段,目的是建立信任,也就是我们通常所谓的"黏性"。

◎ 客户分类的目的是降低"效率成本",能够低成本地帮助客户进行个性化筛选,帮助客户进行个性化判断,客户因此获得了更大的收益。

◎ 因为价值观相同,客户才会相信你和他是同一类人,才会相信你为他所做出的筛选和判断,才会因此愿意支付费用。

◎ 商业的本质是让某些客户追随你,如果还可以选择的话,那么我希望追随我的都是高端客户。

延 伸 阅 读

◎《企业文化》,Terrence E. Deal 和 Allan A. Kennedy 著。

◎《资中筠自选集:感时忧世》,资中筠著。

从"打车软件"说开去

打车软件从最初的解决信息不对称问题入手，进入了解决供需问题的领域，甚至还创造了需求，让很多原本不打车的人改变了出行方式，成为打车的客户。它是如何做到的呢？

作为学者,质疑是一种习惯。当高举着"科技改善生活"和"解决打车难题"大旗的"打车软件"蜂拥而至的时候,我却总是对其深存疑虑,甚至看不到它的未来。

任何表面问题的背后,往往都隐藏着深层次的原因。在我之前的文章《管理的艺术就是"形"的再造》中提到:"很多时候我们发现并察觉的仅仅是表面上的问题,解决表面问题只是'头疼医头,脚疼医脚',必须找到深层次的原因,再有针对性地给出解决方案。"只解决表面问题,不仅忽略了原因,还可能带来其他新的问题。同时我认为在制定解决方案之前,我们需要围绕本质,把不同的本质和所有的现象关联起来,形成一个系统。换句话说,再造一个"形",这个"形",不同于我们对问题的初始印象,而是隐藏在表象之后的、涵盖了关键及非关键因素的关系模型。先对这个模型优化,再根据优化的关联模型提出解决方案。只有这样,这个方案才有可操作性。当了解了所有的关系后,你就能预判每一个动作会带来什么样的影响。

我们先对出租车市场现状进行一个简单描述:大多数乘客习惯于路边等车;出租车习惯于边空驶边等待乘客;市场有较高的准入门槛(高额的牌照费用或"管理费用");在公共交通体系中,出租车与公交车和地铁基本处在并列的位置。在这种现状下,再分析一下打车难的原因:一是虽然出租车在空闲状态,但是车与打车者之间存在信息不对称。也就是说,车在空驶,人却找不到空车,需要解决信息不对称问题。这时要解决的是"效率"问题。第二种可能是车都是满的，可仍然有打车需求，这种情况需要解决的是出租车"供不应求"的问题。在大多数城市，这个供不应求都有"峰谷"特征，上下班高峰期或是雨雪天气时往往是需求的峰值，这时候"一车难求"，要解决的是市场"供需失衡"问题。

当然在解决打车难题的同时，我们还需要考量出租车可能导致的"外部性问题"，即交通事故、交通阻塞和污染问题。大量出租车在路上空驶会使道路上其他车辆的速度变慢进而增加在途时间和旅行费用。特别是出租车在交通繁忙的地区上下客时，还会影响其他车辆的行驶。大量出租车在城市中行驶也会增加目前已经非常严重的空气污染程度。显然，解决打车难问题是一个复杂系统。

那么，我们当前面临的打车难属于哪种类型呢？我认为是一个混合问题。既要考虑高峰时的供需问题，也要考虑波谷时的信息不对称问题，还要考虑由此带来的外部性问题；而主要困扰打车者的其实是前者。解决供需问题的方案，要么是增加供应，要么是提供替代品。这两种问题已有多个学者进行了研究，增加供应的主要壁垒是目前的准入制度，高额的牌照价格虽然为政府带来了可观的收入，但是也阻碍了供应，导致了大量"黑车"的出现。

通常，一个出租汽车市场被细分为三个市场：

（1）巡航市场，出租汽车在街"扫马路"，随叫随停,即上即走。

(2)无线电调度市场,乘客打电话叫车,由无线电调度出租汽车载客。

(3)专用候客点市场,出租汽车停在专用候客点等客,乘客到专用候客点上车。

巡航市场虽然可满足乘客的即时打车需求,但显然效率较低,同时也是导致外部性问题的主要原因。无线电调度市场,需要乘客的打车习惯和驾驶员的服务习惯发生改变,同时调度中心的管理水平也对服务有较大的影响。专用候车点市场,意味着出租车在公共交通体系中的定位必须明确,候车点的设置也需要进行科学的规划。而外部性问题的解决是尽量减少空驶和由此带来的不必要的临时停车和污染问题。

分析结果表明,解决问题的方式有如下几种:

(1)改变乘车习惯,加大无线电调度市场和候车点市场。无线电调度市场的关键是出租车的管理,确保电话叫车的服务,包括出租车的到达率和到达时间。"候车点市场"可借鉴日本东京的模式:轨道交通+公交车或出租车,公交车和出租车的定位是轨道交通的延伸,公交车的车站都在地铁口,出租车也基本都停在地铁站等客,出租车每次服务基本都在方圆3~5公里范围内,减少因车辆跨区域行驶带来的交通拥堵。

(2)消除出租车市场的准入壁垒,提高高峰期的出租车供应,这需要政府协调解决。

由此看来,打车软件试图用所谓的科技手段来解决打车难题,能够发挥功效的只有两个方面:在出租车空驶时的效率问题和无线电调度手段的替代;而显然无法解决出租车市场的供需问题。

我们不禁要问,难道打车软件的运营者们不明白出租车市场其中的道理吗?显然不是。那么,如果他们明白的话,这又是一场什么样的游戏呢?

让我们跳出出租车的问题,看看打车软件到底能为运营者们带来什么?一是用户,截至2013年5月7日,安卓平台上11家主流应用商店的打车类软件客户端总体下载量已超过百万,用户主要集中在北、上、广等一线城市。数据表明,2014年1月10日开始,打车软件接入微信支付,开始实施打车补贴政策,截至2月7日,全国日均订单量从60万升至128万,单日最高订单量突破162万,积累了大量用户。二是贴钱带来的巨额交易量,据统计,快的打车一家,上线不到两年的时间,每天全国的交易额已经达到了1.8亿。

从目前资本对移动互联网的投入来看,大量的资本快速进入,使得整个互联网的竞争完全进入了快节奏的竞争。传统的法则基本不怎么适用了。互联网的核心不再是资金、技术,而是时间。最短的时间聚集起资源和平台,就产生了颠覆价值链和产业链的可能,很多时候这种颠覆的速度比我们想象的还快。互联网游戏的玩法就是通过对单一行业的主导之后形成不可想象的颠覆。"打车软件"就是希望从"烧钱"中建立起用户和交易平台,再谋大计。从这个意义上说,它们是成功了。

从之前的判断来看,似乎打车软件难以解决供需问题。但是随着打车软件的发展,"专车""快车""顺风车"等产品陆续推出,不仅在提供出租车的供应,而且把很多原本不打车的群体(尤其是很多高端群体)吸引到打车市场来了,换言之,还创造了新的需求。那么,随着政府监管政策的陆续出台,下一步打车软件市场的发展会有什么变化呢?

首先我认为打车软件公司将放弃与原有出租车市场直接冲突的低价市场,原因之一是与政府保护出租车市场秩序的思路相左,其次低价出租车市场管理成本较高,不合算。那么,高端市场必然成为打车软件公司的主要领地,一是本来市场需求就是自己创造出来的;二是高端市场利润较高;三是高端客户的衍生需求较多,有利于业务的不断创新。

纵观两年来打车软件公司、原有出租车公司和相关部门间的一幕幕大戏,打车软件公司的商业路径也越来越清晰了,那就是以解决打车难的价值点切入,吸引打车者的关注;再撬动出租车司机的响应(购置手机、安装软件等);随之签约其他社会车辆,对从业者提出质量服务标准要求,创造出高端客户需求;最后,我相信趁着政府出台政策的契机,退出低端市场,开始经营高端市场。

近日重读《孙子兵法》《三十六计》,印证一下打车软件公司在市场上的表现,突然这些计谋跃于纸上:金蝉脱壳、抛砖引玉、擒贼擒王、趁火打劫、浑水摸鱼、瞒天过海、反间计、顺手牵羊、调虎离山、树上开花、暗度陈仓、走为上策、欲擒故纵、釜底抽薪、反客为主、无中生有、借尸还魂、声东击西、围魏救赵、连环计⋯⋯

果然是高啊!

文 章 重 点

◎ 互联网的核心不再是资金、技术,而是时间。最短的时间聚集起资源和平台,就产生了颠覆价值链和产业链的可能,很多时候这种颠覆的速度比我们想象的还快。

延 伸 阅 读

◎《创新之力:将创意变为现实》,Matt Kingdon 著。

◎《适应性创新》,Tim Harford 著。

互联网+管理思维创新

千面女郎还是变形金刚

一个媒人介绍成了一对男女成婚,可谁见过结婚后这对夫妇还每月固定给媒人送钱的?

我多次担任创新大赛的评委,被问到最多的一个问题就是:一个创新项目或是创新团队的评判标准到底是什么?

美国经济学家熊彼特[1]1912年在其名著《经济发展理论》中,首次提出了"创新"的概念,并把"创新"定义为建立一种"新的生产函数"。

"函数"是一个数学概念,常记为 $y=f(x_1, x_2\cdots)$,在这里 f 是描述自变量 x 与函数值 y 之间的"对应关系"(数学上称作对应法则)。"生产函数"是指在一定时期内,在技术水平不变的情况下,投入的生产要素 x 与产出 y 之间的关系。经济学关于"生产"的含义是十分广泛的,它不仅仅意味着制造了一台设备或生产出一些产品等,还包含了不同的经济活动,如老师为学生上课,商店的经营,管理者的管理活动等等。这些活动都涉及某个人或经济实体提供产品或服务。因此,简单地讲,任何创造价值的活动都是生产。在西方经济学中,投入的"生产要素"一般被划分为劳动、土地、资本和企业家才能这四种类型。

传统的商业思维和实施路径可以用"孙子兵法"中的一句话来概括:"谋定而后动,知止而有得。"意思是谋划准确周到而后行动,知道在合适的时机收手,会有收获。这种思维影响着我们几乎所有的商业活动。无论是投资、管理还是运营,我们都强调目标、计划、分析和控制。开展任何的商业活动,我们要先对市场进行分析,同时对自身拥有的资源和能力进行梳理,然后制定战略目标、实施方案和评估体系,确保商业活动依照既定的路径进行。换句话说，我们从一开始就要搞清楚可能与产出 y 相关的生产要素 x 的集合，明确 f 这个函数"对应关系"，才开始行动。更重要的是，在后续的商业活动中，由于成本和惯性，我们往往不轻易改变这个对应关系，而是倾向于不断强化既有的判断，不断坚持既有的决策。越是获得成功的组织，这种对应关系越是不容易被改变。对应关系不仅影响着组织的战略和执行，还决定了组织的文化特点。

而这也成为我们之前评判创新项目的标准。但今天，情况正在发生改变！

熊彼特把"新的生产函数"的建立描述为生产要素的"新组合"。分为五类情况：

(1) 采用一种新的产品或一种产品的新的特性；

(2) 采用一种新的生产方法；

(3) 开辟一个新的市场；

(4) 掠取或控制原材料或半制成品的一种新的供应来源；

(5) 实现任何一种工业的新的组织。

熊彼特教授在一百多年前提出的"新组合"无疑是非常有远见的，很多的企业因此创造了新的价值，获得了巨大的成功。即使从今天看来，仍然具有现实意义。但需要明晰的是：新的特性会是什么？新的方法会是什么？新的市场如何找到？新的供应来自哪里？新的组织应该具备什么特质？更重要的是，这种对应关系会发生什么样的改变？是否会因此改变我们一直以来坚守不移的商业思维方式？

让我们看看一些著名的企业，Google在创办之初是否就已经谋划了现在的商业模式和产品组合？淘宝是否在最初就打算挺进金融领域，与银行抢食？为什么微博和微信在那么短的时间里，江湖地位就产生了逆转？现在风头正劲的"打车软件"将何去何从？

从众多成功或失败的案例看来，决定成功和失败的不是单次创新，更不是平台战略中表述的用户量。难道诺基亚的用户不够多吗？最终不还是轰然倒下！仅仅单次的创新和庞大的用户量是无法保证成功的，或者只能支持短暂的成功，持续的成功必须依赖持续的创新。换言之，决定持续成功的不是一次"新组合"，或一次"新的生产函数"，而是"创新频度"。

是否具备"创新频度"的能力，成为了新的判断标准！

如果从目标和商业模式设计之间的关系衡量，我基本可以给如今风头正劲的打车软件打零分，因为它根本解决不了打车难问题（见前文《从"打车软件"说开去》）。但这个项目我仍在观望，特别是在阿里巴巴投资快的打车之后，我更倾向于这是一场有预谋的商业策划，好戏才刚刚拉开大幕。通过大量补贴后形成的海量用户数据和交易数据,才是未来发展的真正"核心资源",能否运用好这些资源迅速形成有价值的商业模式或服务,决定了打车软件的未来。

由此可见,创新的"灵感"不是从天而降的,而是来自于对市场和客户需求的敏锐的洞察。在没有直接信息的情况下,往往依赖零散的、片面的碎片信息,依靠经验判断来决定是否创新和大致的路径。如果具备了详尽和全面的数据,就可以大幅提高创新的成功率。

"平台战略"最容易得到众多投资商的青睐,似乎汇集了海量用户或是形成了巨额交易,就坐上了通往成功的高速列车。其实不尽然,我曾经对一个提供B2B服务的平台提出一个问题:一个媒人介绍成了一对男女成婚,可谁见过结婚后这对夫妇还每月固定给媒人送钱的?一个媒人的知识积累有两个延伸方向:一是应用到未来的做媒过程;二是为成婚者提供后续服务。由于个体的差异性,其实后者的效率可能更高。但平台战略本身容易带来平面扩张冲动的自身特点,使得向纵深方向的知识积累往往容易被忽视,造成业务模式简单,易被模仿。而锁定客户群,依靠服务过程中积累的大量行为特征和数据,进行分析后提供专业化的服务,才是正道。

毛泽东同志说:"一个人做点好事并不难,难的是一辈子做好事。"一个组织,做一次创新并不难,难的是持续的创新。更重要的是,每一次的创新都是有依据的和有数据支撑的:不停地记录、不停地梳理、不停地反省、不停地总结、不停地变化，最终把创新植入组织，变成基因。在日新月异的今天，靠互联网创新来拼搏的企业，你想要生存，你必须要成为"千面女郎"或是"变形金刚"。

幸运的是，网络和信息技术的不断飞跃，让这一切成为了可能。

你和你的组织，准备好了吗？

注 释

1. 约瑟夫·熊彼特（Joseph Alois Schumpeter，1883~1950），20世纪最受推崇的经济学家之一，他在经济学史上的卓越地位与亚当·斯密、马歇尔、凯恩斯等宗师同列。他首先提出"创新"学说，以"创新"来解释资本主义的发生、发展和必将趋于消亡而过渡到"社会主义"的理论。后来，该理论从两个方面获得了新的发展：一是以技术变革和技术推广为研究对象的"技术创新"理论的发展；二是以制度变革和制度形成对研究对象的"制度创新"理论的发展。

文 章 重 点

◎ 传统的商业思维和实施路径可以用孙子兵法中的一句话来概括："谋定而后动，知止而有得。"这种思维影响着我们几乎所有的商业活动。无论是投资、管理还是运营，我们都强调目标、计划、分析和控制。

◎ 持续的成功必须依赖持续的创新。决定持续成功的不是一次"新组合"或一次"新的生产函数",而是"创新频度"。

◎ 创新的灵感不是从天而降的,而是来自于对市场和客户需求的敏锐的洞察。

◎ 平台战略本身容易带来平面扩张冲动的自身特点,使得向纵深方向的知识积累往往容易被忽视,造成业务模式简单,易被模仿。锁定客户群,依靠服务过程中积累的大量行为特征和数据,进行分析后提供专业化的服务,才是正道。

延 伸 阅 读

◎《伟大创意的诞生:创新自然史》,Steven Johnson 著。

◎《策略思维:商界、政界及日常生活中的策略竞争》,Avinash K.Dixit 著。

免费的意义

看到免费的第一个本能冲动肯定是想占便宜,但随之另外一个本能开始占据我们的脑海——天上不会掉馅饼。

近日，腾讯公司推出的"微信电话本"引起业内关注，安徽交通广播908[1]第一时间联系我，希望我对此作一些评论。

"微信电话本"自己定义的卖点是"免费"高清电话，可以以近似于免费（仅需要支付流量，目前很多人的流量是富裕的）的价格打电话。接到这个任务，我的第一反应就是立刻去申请使用。但不知道是什么原因（估计是申请的人太多，产生了拥堵），最终我没有申请成功。但冲动之后，我开始冷静地思考一下"免费"这件事。我承认我的第一个动作的本能肯定是想占便宜的大众心理，但当我清醒之后，另外一个本能开始占据我的脑海，那就是：天上不会掉馅饼。

对于免费这件事，不同人有不同的观点。从经济学的角度来说，一件商品或者服务，之所以有一个价格，本质上是为了交换。一个商品值多少钱，我就支付多少钱，或者我用等价的东西与之交换。互联网发展起来之后，免费成了一个时髦的商业模式，互联网催生的数字经济成了主流。很多商品的边际成本下降，甚至趋于零成本，使得看上去很多服务成了"免费"的：微信是免费的，Google的大部分服务是免费的，维基百科和博客空间也是免费的，视频也是免费的……

但其实免费这件事儿不是新生事物，之前就已经以不同的方式存在着。比如作为营销手段的"免费试用品"。对于试用品，你确实可以无偿获得，但一般都有时间的限制，很多时候在限制时间还没达到，你可能就喜欢上了，甚至离不开了，于是不得不选择购买。还有的免费是以"互补品"的形式出现的,这往往是因为某种无偿的服务很可能带来其他付费商品的兴趣。如有的眼镜店提供免费维修眼镜和清洗镜片的服务,其目的当然是带来眼镜销售的业务。这些免费的获得显然不是因为真的不需要成本,更多的是一种营销方式。

你销我是送礼的还是行劫的?

互联网和数字经济似乎带来了一些商品或服务成本的下降,其实不然。比如,原来我们买一个CD,你买一张就得刻一张,光盘是需要成本的;看报纸,看一份儿就得印一份儿,纸张也是成本。现在,这些都用不着了,可以在网络上听、网络上看,复制成本几乎为零。但从另一个角度来看,内容的价格在上升,也就是"知识产权"的价格呈现上升的趋势。信息也好,音乐也好,成本不仅没有变成零,相反价格在攀升。另一种观点是互联网带来搜索(或者说检索)成本的下降,原来我查一本书,必须要到图书馆花很长的时间才能找到,但是现在可以很快地通过搜索网站得到,因此成本变低了。但是不得不说,由于信息量的急剧扩大,你得到了太多的信息,你不得不花时间去判断,这也就带来了筛选成本不断上升。

由此看来,"免费"这件事,本质上并不是因为我们要交换的商品或服务的价值真的发生了变化,而真的带来了零成本,所以不要钱了。其实林林总总的免费,实质上只是让钱在不同的产品之间、人与人之间、现在和未来之间、不与钱打交道的市场和金钱市场之间转移。经济学把这种现象称为"交叉补贴"。免费，其实就是怎么玩交叉补贴。

在我看来，互联网发展真正带来的，是"交叉补贴"可能更隐蔽了、更有欺骗性了，交叉补贴系统可以设计得更复杂了。这种复杂性带来的是产业或行业的商业模式、分工模式以及盈利模式的变化。对消费者而言，可能你是免费获取了，但是其实在你所获得的免费背后，你看不见的、复杂的价值链体系中，每一个参与这个服务或产品的提供角色，仍旧依据"等值交换"的这个经济学基本原则，开展着商业活动。

互联网真正影响的，正是这个"后台体系"。而企业真正关注的，也是自己在这个正在变革，甚至不断颠覆重组的体系中，如何重新找到自己的定位。那么，定位的依据和标准是什么呢？

互联网作为网络的一种，遵循着网络价值的评估指标：谁可以带来更多"导入连接"，谁的价值就越高。举例来说，科研论文无疑是一个网络体系，对于科研工作者发表论文的评价，最重要的指标就是"引用率"。你的文章越多地在其他文章中被引用，文章的价值就越高。这种引用，其实就是在其他文章里，为你建立了一个导入连接，连接越多，你的价值就越高。在一个物流网络中也同样如此，越多的货物从其他地方汇集给你，你的价值也越高。这种导入连接，不一定是物流的，也可能是其他的形式，如资金流或者是信息流。由此可见，一个企业如果要提升自身在所处网络中的地位，必须增加导入的连接。互联网带来连接成本的下降，这种成本的下降，可能打破一个产业或一个行业原有的网络体系和连接体系，因此企业可以通过建立本不存在的连接的方式，提升自身价值，甚至达到围绕自身重建新网络、新体系的目标。

"免费"所起的作用，无疑是建立"导入连接"、提升自身价值的最佳方式。因此，越来越多的企业祭起免费的大旗，以期导入更多消费者的连接。从这个角度而言，微信免费的真正意图并不在于话音业务，而是在于扩充自己的"入口"，获得更多大众用户日常的访问，通过建立微信电话本的入口，来获得更多的用户资源。其深意，在以后为微信带来更大的利益。

对于消费者而言，免费的风险也需考量，"收费"的这个"费"往往与之对应的是"责"，从这个意义而言，"免费"和"免责"也往往是相互对应的。由于之前交叉补贴的结构比较简单，我们很容易看清，清楚地知道得到了什么，将付出什么，对于"责任"的约定也比较容易界定。但是现在系统复杂了，原来简单的责任关系变成了一个复杂的系统责任关系。对一个系统而言，参与的角色多了，不同角色之间的责任界定也就复杂了。对于消费者而言，万一出现问题，追责的困难将大大增加，追责成本也相应大大提高。这类风险往往需要政府相关部门的介入。

对"免费"的研究，其实本质上是由于信息不对称，我们付出的成本到底去哪了？这些信息不仅最终端的消费者不知道，甚至连价值链中的参与者往往也是不清楚的。因此,免费对价值链的意义,在于会形成一种倒逼机制,让价值链上的所有参与者,搞清楚自己的成本结构和其他人的成本结构。因为只有这样,才能不断地"挤出"冗余成本,持续地保证自身生存并提升竞争力,让每一种产品和服务回归到它应有的价值。毕竟,只有公平的,才是长久的!

注 释

1. 安徽交通广播908(FM90.8),安徽广播电视台旗下广播媒体,是目前安徽省影响力最大的广播媒体。

文 章 重 点

◎ 免费这件事儿不是新生事物,之前就已经以多种营销的方式存在着。

◎ 互联网和数字经济似乎带来了一些商品或服务成本的下降,但从另一个角度来看,内容的价格在上升,也就是知识产权的价格呈现上升的趋势。

◎ 互联网发展真正带来的,是交叉补贴可能更隐蔽了、更有欺骗性了，交叉补贴系统可以设计得更复杂了。这种复杂性带来的是产业或行业的商业模式、分工模式以及盈利模式的变化。

◎ 免费的风险也需考量，"收费"的这个"费"往往与之对应的是"责"，从这个意义而言，"免费"和"免责"也往往是相互对应的。

◎ 免费的意义，在于形成一种倒逼机制，让价值链上的所有参与者，搞清楚自己的成本结构和其他人的成本结构，不断地"挤出"冗余成本，持续提升竞争力。

延伸阅读

◎《长尾理论》，Chris Anderson 著。

◎《运营管理：创造供应链价值》，Roberta S. Russell 著。

互联网+管理思维创新

微信营销——地狱还是天堂?

一个陌生人推荐东西和一个朋友推荐东西,性质是不同的——当为朋友推荐东西时,你其实还附载了你的个人信誉。

现在出门见到朋友，交换联系方式时都会问问微信号，似乎没有微信都有点不好意思。越来越多的商家也开设了官方微信账号，开始大规模地进行"微信营销"。很多企业界的朋友也经常跟我提起微信营销，并询问我的态度。

微信是什么？

打开腾讯的主页，在业务体系中，腾讯这样描述："腾讯已形成了即时通讯业务、网络媒体、无线互联网增值业务、互动娱乐业务、互联网增值业务、电子商务和广告业务七大业务体系，并初步形成了'一站式'在线生活的战略布局。"但仔细浏览各个业务体系，在这七大板块中未能发现微信的相关介绍。

在公司信息中，2013年11月13日发布的2013年第三季度业绩报告中，业务收入分为六类：通信平台、社交平台、媒体平台、增值服务、网络广告和电子商务交易。微信在其中的"通信平台"板块中被提到，给出了到2013年第三个季度末的微信用户数量：达到2.719亿。

在腾讯主页里，没有找到可以连接到微信主页的链接，只有通过百度搜索后，才能连入微信主页。在微信主页上，同样没有对微信的定义，只是通过下面的这段话介绍了微信：

微信，是一种生活方式；

超过三亿人使用的手机应用；

支持发送语音短信、视频、图片和文字；

可以群聊，仅耗少量流量，适合大部分智能手机。

一般来说，企业推出一个产品，为了客户更好地了解和使用，都会给出一个明确的"定位"。腾讯的其他产品都出现在了腾讯主页，并对业务进行了准确描述。只有"微信"，并未出现在腾讯主页的业务体系中，也没有任何地方（包括微信主页）对微信这个产品进行任何的定义。

但微信为什么会出现这样奇怪的现象？是腾讯自己也不知道怎么来定义微信？是腾讯还不想这么早就定义微信？是腾讯还想从市场应用中的反馈信息来丰富微信的定义？还是有其他的难言之隐？我想，原因可能是多方面的。

也许是因为没有明确的产品定义，用户们只好按照自己的理解，开始使用微信了。有很多人开始把使用微博的方式引入微信平台，开展相关营销。那么，微博与微信的区别又是什么？

作为一个微博用户，我个人认为微博的一个问题是模糊了"公众圈"和"社交圈"。公众圈往往是陌生人组成的群体，而适合在公众圈里传播的信息或是第一手新闻信息，比如发生某个事件时你恰巧在现场，发出相关事件的报道微博，这是有价值的"公众信息"。或者你是一个有想法的人，经常发表一些个人独特的观点，对读者有借鉴价值。又或者你本身就是一个公众人物，你的一举一动都有人愿意关注。总之，你的信息要能引发观众的兴趣，而且你还要持续发出信息，才有可能获得持续的关注。那些你的个人相关活动信息，比如你去了什么地方、参加了什么活动、吃了什么美食等等，这些只有你的社交圈，换言之，认识你的人才会有兴趣。最终，在"微博"上出现了两级分化：绝大多数的观众（信息接收者）和极少数的意见领袖（信息发放者）。信息也是一种权利，因此意见领袖们具备了较强的影响力，很多微博用户看到"大V"们呼风唤雨，不满足于甘为听众，因此出现炮制造谣信息或是抄袭他人观点来吸引眼球的现象。

　　微信的出现，分离了微博中的社交圈。微信的社交圈大多是熟人，且一般人数有限，群体内的互动较为丰富，对个人信息也较为关注，满足了原先微博用户在微博上无法得到的关注需求，让用户在自己的微信熟人圈中逐渐找到感觉，导致原来占大多数的微博观众用户的注意力逐步转到微信。无论是否情愿，微博逐渐回归了公众信息服务的角色，越来越像媒体了，或者说，越来越像传统媒体了。当然随之而来的就是商家开始把营销主战场搬到微信。

　　但是否意味着商家也可以照搬原来在微博上的营销做法呢？例如，有很多企业仍然采取通过设置奖励，吸引用户转发或是推送商品信息给用户各自的微信好友群体来扩大影响的方式。还有很多用户也像原来使用微博时一样，出于获取奖品的考虑，频繁转发或推送商品信息给自己的微信好友，以获得商家给予的小礼物或其他小恩小惠。

殊不知微信与微博最本质的区别，就是好友的性质发生了改变，由微博上的陌生人群变成了熟人群。正由于是熟人，你在每一次信息转发的同时，其实也为该信息做了"增信"——增加了这个信息的信用水平。一个陌生人推荐东西和一个朋友推荐东西，性质是不同的，当为朋友推荐东西时，你其实还附载了你的个人信誉。但"风险"随之而来，就是一旦这个商品出现问题，作为推荐人的"个人信誉"也会因之受损，如果熟人再了解到原来你转发推送的目的是获利，你甚至会背上"见利忘义"的恶名。而对商家而言，许之以小利，诱使微信用户用自身信誉为自己的商品背书，违背商业规则，短期可能获得利益，长期必定有损自身"商誉"。更重要的是，这种行为极易破坏中国本已就非常脆弱的信用体系，导致人人自危，连熟人也不敢相信，对社会整体"信用体系"建设极为不利。

那是否就不能用微信开展营销活动了呢？也不尽然！我觉得微信对商家而言的一个最重要的促进，就是"倒逼"作用。一般而言，我们对一个商家产生好感，甚至愿意为他口口相传，往往不是因为它出售的商品，而是商家的经营理念和"核心价值观"，这些影响着商家的经营行为，不因小利而损害长期信誉，

甚至愿意付出短期获利而换得长期收益。所以说，更适合于在微信这个平台上营销的是商家的价值观。换言之，转发者推送的是对商家经营理念的认同，而非商品，这样不仅降低了个人转发有可能带来的信用风险，还有可能让熟人群体通过转发的内容了解自己的价值取向，提升转发者的信用水平。但不得不说明的是，当前大部分商家都有核心价值缺失的问题，往往热衷于短期逐利，忽视长期信誉的建立，也就造成了"除了商品之外，没有其他东西可以营销的"局面。所以，有可能"倒逼"商家通过对微信营销的重视，反思自身的商业经营理念和价值观，从经营商品回归到经营理念的商业活动本质，走上建立长期商誉、赢得顾客的良性发展道路上来。

梅贻琦[1]先生认为："所谓大学者，非谓有大楼之谓也，有大师之谓也。"我想提醒商家的是："所谓百年老店者，非谓有商品经营之谓也，有理念经营之谓也。"

微信营销，可能带你去地狱，也可能送你上天堂。各位商家，你们想好了吗？

注　释

1. 梅贻琦（1889~1962），字月涵，历任清华学校教员、物理系教授、教务长等职，1931~1948年，任清华大学校长。梅贻琦出任清华大学校长期间，奠定了清华的校格，与叶企孙、潘光旦、陈寅恪一起被列为清华百年历史上四大哲人。

文 章 重 点

◎ 微信与微博最本质的区别，就是好友的性质发生了改变，由微博上的陌生人群变成了熟人群。正由于是熟人，你在每一次信息转发的同时，其实也为该信息做了"增信"——增加了这个信息的信用水平。

◎ "倒逼"商家通过对微信营销的重视，反思自身的商业经营理念和价值观，从经营商品回归到经营理念的商业活动本质，走上建立长期商誉、赢得顾客的良性发展道路上来。

延 伸 阅 读

◎《主流：谁将打赢全球文化战争》，弗雷德里克·马特尔著。

◎《公司进化论：伟大的企业如何持续创新》，Geoffrey A. Moore著。

众筹到底筹什么？

其实最原始的众筹，可以追溯到佛教的苦行僧，据说释迦牟尼本是古印度迦毗罗卫国（今尼泊尔）的太子，是典型的「高富帅」。

在一次MBA课堂上，一位学员问我："赵老师，你觉得我们众筹一个咖啡馆怎么样？"我反问为什么？他显然很意外我的反问，答道："大家都要喝咖啡呀，大家投资了，自然来自己的店消费啊。这样既解决了投资问题，又解决了销售问题。"我再次反问："什么是'众筹'？众指的是谁？要筹什么？"

众筹无疑是当前最热的话题之一。经常有人向我提到采用众筹模式成功的案例。

2014年年初，李善友[1]教授在他的招生计划中明确要求，10名学员的学费，必须一半自筹、一半众筹。众多报名学员则通过各种社交媒体，阐述众筹理由。这场众筹游戏，让国内很多商学院倍感压力，而中欧也在短时间内得到众多媒体关注。

另一个著名的众筹案例是《罗辑思维》[2]，提出了"爱就供养，不爱就观望"的口号，筹集到了近千万会费。

还有一个被大家津津乐道的众筹案例是奥巴马利用社交媒体获得了众多小企业主甚至个人的支持，达到了积沙成塔的效果，筹集到7.45亿美元竞选经费，成功入主白宫。

这些成功的案例，吸引更多人关注众筹，把众筹当作可以为自己的创业项目争取资金的有效方式。同时出现了一些众筹网站，专门作为中介，搭建网络平台面对公众筹资，让有创造力的人可能获得他们所需要的资金,以便使他们的梦想有可能实现。甚至还总结了众筹成功的关键要素:筹集天数是否恰到好处;目标金额是否合乎情理;支持者回报是否设置合理;项目是否有效包装;是否定期更新信息等。

其实最原始的众筹,可以追溯到佛教的苦行僧,据说释迦牟尼[3]本是古印度迦毗罗卫国(今尼泊尔)的太子,是典型的"高富帅",但他出游看到众生的生老病死后,就决定做一名苦行僧。在他29岁那年的一天晚上,他丢下妻子和家庭,独自出宫修苦行去了。他通过不断地修行和传播理念,最终创造了东方文明最著名的宗教。"苦行僧"往往是为了自己的追求去流浪和探索,行走中主要依靠那些乐善助人的帮助,提供帮助的人也并不期望得到什么回报。

在释迦牟尼的众筹模式中,最吸引我的注意的是:提供帮助的人并不期望得到什么回报。这显然是释迦牟尼众筹模式获得成功的关键!为什么提供帮助的人不期望回报?可能有三种原因,一种原因是提供的人认为付出的很少,少到可以忽略不计。这既可能是帮助的金额确实小,也可能是提供人的实力超强,别人认为难的,对于他轻而易举(就像一个亿对普通人不可想象,对比尔·盖茨也只是九牛一毛)。另一种原因是帮助行为本身就有了回报,可以抵消付出的东西,比如帮助别人带来的愉悦等。还有可能是帮助者对苦行行为高度认可,所以也就不需要回报了。

传统的商业模式中,投资人往往是经营者,后来逐步实现了所有权和经营权的分离,有了管理者的角色。企业上市又实现了投资人数量的扩大,公众可以通过购买公司股票变为投资人。因此在一个组织(如一家公司)系统中,存在着投资人、管理者和客户这三类主要角色。这三种角色可以出现交集吗?也就是存在身兼两种或两种以上角色的人吗?现代企业制度的发展,强调所有权和经营权的分离,显然在条件允许的前提下,是不提倡身兼投资人和管理者两种角色的。当然管理者可以拥有小额股权以提升工作积极性。那么管理者同时也是客户可以吗?这可能带来对组织利益的损害,管理者出于自身利益的考虑,很可能低价把产品卖给自己,损害组织利益,也损害投资人的利益。最后一种情况,投资人同时也是客户,情况又如何呢?投资人消费自己投资的产品,似乎没什么不妥,但这还要看投资人作为客户所产生的收入占总收入的比例。比例很小,没有问题;如果比例过大,特别是投资人数量很多且彼此不熟悉时,也容易产生问题。试想两个人各投20万元开了一家饭店,而饭店收入的一大半都来自于两人请朋友吃饭,甲每个月带来10万收入,乙每个月只有1万,时间长了会如何?可见,在组织系统的三个角色中,出现身兼多重角色的人是有"风险"的。这也正是我对MBA学员众筹咖啡馆产生疑问的原因。

有观点认为,现在的众筹模式,角色都是分离的,投资人甚至都彼此不认识,也不在同一个地点,不存在身兼多个角色的情况。那么,要回到一个根本问题:投资企业的目的是什么?维系这个投资的目的又是什么？投资的"目的"显然是盈利。但谁也无法保证组织盈利，更无法保证组织总是盈利，而可能会不盈利。因此问题的关键是：不盈利时如何维系组织，争取变为盈利！

组织显然是一个系统，系统有很多类，如果把思想作为分类依据的话，组织系统可以分为三类。第一类是"无思想系统"，这是机械论的观点。机械本身是无目的的，只是一个工具，用来做什么是由使用者来定义的。机械系统的好处是可靠性高，坏处是机构都已固定，无法自我重组。第二类是"单一思想系统"，这属于生物学观点，这类系统整体是有目的的，具有选择能力，但组成部分是没有自己的意愿的，更不能做出选择。比如一个生命是有目的的，其目的就是存活，基于存活的目的，生命体可对环境变化做出选择。但是，组成生命体的器官如心脏、胃等器官必须受控于一个大脑，不能自己选择跳不跳、动不动，更不能彼此闹意见、不合作。单一思想系统在组织中呈现的方式，就是要有一个强力领导，来解决冲突和做出选择。第三类是"多思想系统"，这是社会学的观点。这类系统是最复杂的，表现在整体是有目标的、可选择的，同时组成部分也是有自己目标的，能做选择的。大多社会组织属于此类系统。这类系统运行正常的核心就是各个有目的的部分的利益达成一致，同时和整体的利益达成一致。实现这个目标的关键是筛选和文化，筛选出价值观相近的群体，用文化把群体黏合，达成共识，从而把部分凝聚成整体，实现整体目标。

对于一个项目尤其是创业项目而言,期望发展过程中一帆风顺是不现实的。大部分都会面临较多的问题,解决问题的过程往往正是对参与项目的各个角色价值观的重大挑战。能否取得对问题的共同认知,能否较快达成一致性的解决方案,能否解决角色间不同意见的冲突,都是项目成功的关键要素。从这个意义上来说,众筹模式形成的角色关系,大多属于纯粹的利益关系,投资人的主要目的就是获利。因此往往风险较大,不易持续。

因此,众筹的"众"不是一般意义上的众,而是有共识的"众";筹的也不是一般意义上的钱,而是有共识的"钱"。

如果用另一个词来诠释众筹的话,我会选择"共识"。

如果非要加一个修饰不可的话,那就是"持续的共识"。

注 释

1. 李善友,中欧国际工商学院创业学兼职教授,中欧创业与投资中心主任;曾任搜狐公司高级副总裁、酷6网CEO。

2.《罗辑思维》,由第一财经频道总策划罗振宇与独立新媒创始人申音合作打造的知识型视频脱口秀。由一款互联网自媒体视频产品,逐渐延伸成长为全新的互联网社群品牌。包括微信公众订阅号、知识类脱口秀视频及音频、会员体系、微商城、百度贴吧、微信群等具体互动形式。

3.释迦牟尼,佛教创始人。本姓乔达摩,名悉达多。释迦是其种族名,意思是能;牟尼意思是"仁""儒""忍""寂"。释迦牟尼合起来就是"能仁""能儒""能忍""能寂"等,也即是"释迦族的圣人"的意思。

文章重点

◎ 释迦牟尼的"众筹模式"中,最吸引注意力的是提供帮助的人并不期望得到什么回报。

◎ 在组织系统的投资人、管理者和客户这三个角色中,出现身兼多重角色的人是有风险的。

◎ 社会组织属于多思想系统,运行正常的核心是要筛选出价值观相近的群体,用文化把群体黏合,达成共识,从而把部分凝聚成整体,实现整体目标。

◎ 众筹的"众"不是一般意义上的众,而是有共识的"众";筹的也不是一般意义的"钱",而是有共识的"钱"。

延伸阅读

◎《系统之美:决策者的系统思考》,Donella H. Meadows 著。
◎《组织理论:理性、自然与开放系统的视角》,W. Richard Scott 著。

教育管理思维创新

- 聊聊孩子的教育
- 互联网让教育回归本质
- 招生的困惑
- 孩子们为什么要阅读?
- 武汉民间联考的思考
- 你真的毕业了吗?
- 基业长青导向下的员工学习

聊聊孩子的教育

女儿上到初二，我终于有机会参加了一次她的家长会……

我的很多EMBA和MBA学员与我的年龄相仿，因此面临的家庭问题也很类似。私下里探讨的除了工作问题之外，孩子的教育和成长也是得到较多关注的话题。

最近的两件事，让我对孩子的教育有了更多的思考。

我的一个企业做得很成功的好朋友，委托他大三的女儿，帮他在学校里做一个活动。活动策划和实施得都非常不错，有很多在校大学生的参与，效果很好，达成了预期的目标。活动结束后，他的女儿还专门写了一份总结，内容是活动的相关数据，参与者的数量、回复的信息量等等。从这些可以看出这位女孩的综合能力，已经超过了很多具有工作经验的职场人士。但朋友对女儿的要求甚高，又知道我是一个擅长"鸡蛋里挑骨头"的家伙，于是特意安排了时间，让我与他女儿聊聊，希望给她一些建议。见面时我只问了一个问题：活动做得不错，写总结这个习惯也不错，但是写的这个总结报告，从内容来看似乎是给别人看的意图居多。那么，有没有写一份只给自己看的总结？跟我猜想的一样，答案是否定的。于是，我给出的建议是：写一份给自己看的总结。同时希望以后无论做什么工作，结束后都写一份只给自己看的总结。

另一个重大事件是我参加了女儿的家长会。之所以说重大，是因为女儿从小到大一直成绩尚可，每次家长会上都能得到老师的夸奖。于是我们家就有了一个传统，参加家长会这样一个让人开心的事，优先给老人们和妈妈。随着时间的推移，参加女儿的家长会，成了一项家庭福利。每次派出的参加者，尤其是奶奶和外婆，总是笑逐颜开，回来后还要高兴好一阵子。因为分享了快乐，愈发关心和支持孩子的教育。而女儿，也更珍惜这个因她而来的家庭福利，希望这个福利能够始终存在，愈发地激励自己不断努力。今年，这个福利终于落到了我的头上。

因为对孩子成绩的关注，很多家长希望与我交流，他们最希望了解的，就是我平常都做什么、关注什么。回答是啥也没做，不关注成绩，更不关注名次。因为在我看来，分数也好、成绩也好、名次也好，只是测量目标达成程度的一些指标而已。而最应该得到关注的重点是"目标"。目标不确定，指标体系的选择就毫无意义，甚至错误理解信息，误导孩子的成长。那么，孩子的成长到底需要什么样的目标，教育能够给孩子真正的"财富"是什么？我想这个财富就是：可以把机会转化为能够满足自身需求，同时也能满足他人需要的关键价值的能力。这个能力的大小，决定了一个人在一生中能够掌控自身命运的程度。与这个财富相对而言的贫困，则表现为对一切都无能为力。基于这个目标，我设定了孩子教育的两个目标：先努力成为"学习者"，再努力成为"自我教育者"。

教育心理学研究表明，成功需要两个要素：欲望和能力，而两者都不能外部给予或强加，必须是内生的。从成为学习者，再到自我教育者，就是打造一个内生的，体现个体差异的,适合孩子自身特点的欲望建立和能力提升系统。

什么是"学习者"?我的观点是喜欢学习,同时具备了学习的能力。这个能力包括理解分析能力、提问能力、沟通能力和教别人的能力。在这个定义中,学习兴趣的培养是核心,学习能力的培养是手段。喜欢学习并产生兴趣的原因很多,得到表扬、取得好的成绩可能是大多数孩子开始喜欢学习的初始动力,这也是很多教育理念支持孩子从小更多得到表扬和鼓励的由来。但必须区别因成绩好而喜欢与因喜欢而成绩好这两种情况。很多时候,我们经常混淆了这两种情况的因果关系。因成绩好而认为孩子喜欢学习是不靠谱和不可持续的,因为成绩常常会因环境的变化和竞争者的变化而产生波动,很多孩子会因为成绩的暂时下降而变得厌倦学习。因此,喜欢学习这个目标的达成,其实正是从前者到后者的努力过程。这个过程的核心是学习和能力的关系,通过学习提升能力,再通过能力的提升反过来辅助学习的进步。在这个过程中,学习兴趣和成绩之间的良性关系逐步确立,孩子也逐渐成为了学习者。

环境变化越来越快,知识的更新越来越快,知识获得的方式越来越丰富多元化,知识的应用要求越来越高。无论接受与否,对于绝大多数人来说,"终身学习"已经成为维持自身持续成长的唯一选择。因此,围绕为终身学习这一选择打下基础和做好准备而言,成为学习者只是阶段性目标,更高的目标是成为自我教育者。

什么是"自我教育者"？我认为是具备了解自身特点、不断发现自身需求、为自己不断设定目标、整合资源并达成目标等能力的个体。自我教育的核心是总结，通过总结提升能力，形成良性循环。

回到本文开头的第一件事，其实我提出这个问题的目的，就是想了解通过那个活动，朋友的女儿到底取得了什么收获。给别人看的活动总结，还只是活动的一部分，最多能让类似的事以后做得更好；给自己看的总结，才是自己的收获，才有可能带来自我增值，让所有的事，以后都做得更好。

"总结"还传递着另一个信息——可以提升预判能力，继而影响做事态度。能做的事情很多时，如何选择？换言之，如何将要做的事情"排序"？市场理论的观点是每个人都是价值动物，因利益而选择。因此很多人把酬劳作为排序依据，哪件事钱多就做哪件事。这其实是其对事情所含价值预判能力的表现。酬劳无疑是做任何事可以得到的价值之一，但酬劳在总价值中所占的比例，反映了总结能力的差异。做一件事，当总结带来的价值远高于酬劳时（这种情况会在很多人年轻时出现），我们就可以忽略酬劳本身，而变得更关注做事过程。正因为这种关注，使我们做事的态度发生了改变，当你只想着酬劳，你更倾向于尽快结束工作拿到报酬；而当你关注工作本身，你更倾向于不忽略每个细节，记录更多信息，以便从这项工作中获得更多收获、更高价值。毫无疑问，后者促进了良性循环的建立。

现实问题是，由谁来帮助孩子变成学习者，进而完成自我教育者的角色转变？我认为完成这样的过程，至少需要两个基本条件：能关注孩子的每个细节变化，以发现兴趣点、培养兴趣点并不断总结完善提升；更关注孩子的中长期发展而不是短期成绩和排名。

这两个条件，现行教育体系难以实现。第一是班级人数太多，多的班级学生数已经超过70人，以我的自身经验判断，若一门课一个学期60个课时（每周3~4节课），我甚至很难记住每个人的名字，更别提观察学生的细节了；而且很多中小学的教师大多不止一个班的教学任务。第二，目前对学校和教师的评估体系，也不允许学校和教师过于关注长远目标。因为短期成绩和排名决定了他们的评估结果，而这个评估结果几乎与他们的一切都密切相关。可见，在整体教育体系不进行大的改变之前，学校和老师对于孩子向"学习者"和"自我教育者"的转变，几乎无能为力。

看起来观察孩子、陪伴孩子、更关注孩子的长远发展这个任务，我们指望不了任何人，更没有替代者。

好吧，那就让我们每位父母扛起这份责任，上路吧！

文章重点

◎ 无论任何事，结束后都写一份只给自己看的总结。

◎ 分数也好、成绩也好、名次也好，只是测量目标达成程度的一些指标而已，而最应该得到关注的重点是目标。目标不确定，指标体系的选择就毫无意义，甚至错误理解信息，误导孩子的成长。

◎ 教育能够给孩子真正的财富是可以把机会转化为能够满足自身需求，同时也能满足他人需要的关键价值的能力。这个能力的大小，决定了一个人在一生中能够掌控自身命运的程度。与这个财富相对而言的贫困，则表现为对一切都无能为力。

◎ 孩子教育的目标：先努力成为学习者，再努力成为自我教育者。

◎ 从成为学习者，再到自我教育者，就是打造一个内生的、体现个体差异的、适合孩子自身特点的欲望建立和能力提升系统。

◎ 学习者，是喜欢学习，同时具备了学习的能力。学习兴趣的培养是核心，学习能力的培养是手段。

◎ 自我教育的核心是总结，通过总结提升能力，形成良性循环。

◎ 给别人看的活动总结，还只是活动的一部分，最多能让类似的事，以后做得更好；给自己看的总结，才是自己的收获，才有可能带来自我增值，让所有的事，以后都做得更好。

◎ 当总结带来的价值远高于酬劳时，就可以忽略酬劳本身而变得更关注做事过程，做事的态度发生了改变，当你只想着酬劳，你更倾向于尽快结束工作拿到报酬；而当你关注工作本身，你更倾向于不忽略每个细节，记录更多信息，以便从这项工作中获得更多收获、更高价值。

延伸阅读

◎《The Aims of Education》，Alfred North Whitehead 著。

◎《爱弥儿》，让·雅克·卢梭著。

互联网让教育回归本质

家长不仅没成为孩子的教练,反而成了学校的「帮凶」!

女儿上了初中,学习科目猛地增加了不少,学习的压力明显加大。女儿也进入了青春期,这个阶段的女生情绪变化就像婴儿的脸,忽晴忽阴。这几天我发现她有点闷闷不乐,于是赶快关心,问她碰到了什么问题。经过了解,原来是因为作业太多,每天都要花上2~3个小时,即使一放学就做,常常也要做到晚上九点以后,耗费了大量时间,导致延续了很多年的阅读和弹琴的爱好经常被作业挤占得无法进行。而作业又经常是没什么技术含量,重复劳动,机械抄写,难以得到解出难题后的成就感,这种情景时间长了,让女儿的心情变得非常低郁。

于是我向女儿提议了我的建议,首先把所有科目的作业情况进行一次统计,列出每天不同科目作业的内容和需要花费的时间。女儿花了半天的时间,完成了统计,然后我和她一起,根据作业的内容,分析老师布置这份作业的目的。作业的目的各不相同,有的是复习刚刚讲授的课程内容;有的是对一段时间内多个知识点的综合练习;有的是背诵并记忆一些优美的词语和句子;有的是抄写词语或单词……通过对目的的分析,我们讨论了不同目的的必要性和重要程度,根据是否符合女儿的特点,进行了分类排序。那些可以帮助女儿解决当前主要问题,加长她的"短板"的,赋予较高权重;那些对她来说不是主要关注点的,排到了后面。最后,我们一起讨论了一个权重临界点,高于临界点的作业,她要优先处理;低于临界点的作业,她可以先放在一边,完成了其他兴趣的爱好后,如果还不到固定的睡觉时间,就去做；如果没时间了，就由我签字不写了。同时我向女儿承诺，对于这样的安排，如果老师对不写作业提出异议，我会去学校和老师沟通，争取得到老师的认同。

看得出来女儿其实心里很担心我是否能说通老师，因为之后的时间里，在优先处理了该处理的作业，再完成兴趣后，即使没有时间，她还是努力地完成了其他作业。我当然不动声色，一方面我教会了女儿如何进行"任务管理"和"时间管理"，心里在偷着乐。同时也耐心地等着她完不成其他作业，让我签字不写的那一天的到来，因为我对于说服老师早已胸有成竹，最不济的情况不就是责任自负嘛！

在我看来，教育的核心就是"因材施教"：发现每个孩子的特点，有针对性地制定教育计划，运用适合不同孩子特点的内容和方式，帮助孩子成长和提高。在这个过程里，家长和学校需要共同参与，一起努力。在现实情况下，学校可能只关注"同"的部分；而家长则不得不承担起关注"异"的部分的角色，而异的部分，其实是更重要的。打个比喻，在很多体校中，孩子既要上文化课，还要进行不同项目的训练，因此体校中有两类教师：文化课老师和教练。文化课老师负责文化课学习的部分，不同项目的孩子根据年龄分成不同的年级，同一年级的文化课都是一样的。教练则是负责训练，根据不同项目的特点和孩子的特长，组织孩子们开展训练，提高竞技水平。

回到我们讨论的话题,在教育中,学校的角色就是体校里文化课老师的角色,而家长则需承担教练的角色,但与体校不同的是,两个角色负责的项目是相同的,都是"学习"这个项目。大多数家长因为这样那样的原因,都希望学校承担起所有教育职责,但由于目前班级学生人数众多,老师精力有限,往往无法兼顾。

值得注意的是,目前有越来越多的企业在关注教育,利用计算机和网络技术,进入这个行业,开发了众多产品;甚至提出要革命教育,大有颠覆传统教育之势。我也因此有了兴趣,开始去研究起来。

需要深入探讨的是,利用计算机和互联网开发的众多教育产品的广泛应用,对"教育"意味着什么呢?

通过了解发现,大部分此类教育产品都集中于教学过程。一方面由于PPT的大量使用,板书大幅降低,屏幕开始驱除黑板,课堂上传递的"信息量"大大增加。另一方面,由于网络技术和视频制作技术的提高,"远程教学"能力大大提升,教学资源的使用效率得以提高。美国的许多著名高校(包括哈佛和MIT)几乎把所有课程都放到了网上,提供"在线课堂",每个人都可以通过网络观看,完成原先可能只有在现场才能完成的教学过程。难道这就是革命,网络真的可以替代传统教学吗?

苏宁董事长张近东最近在美国斯坦福大学发表了主题为"从苏宁发展看企业如何转型与创新"的演讲。演讲中总结了苏宁对技术的理解：在技术飞速跃进的年代，完全追逐技术，最终可能会被眼花缭乱的新技术搞晕头；而完全拒绝技术，最终将被淘汰。技术归根结底是个工具。由此可见，互联网在教育上的广泛应用，是不可能替代传统教育的。

那么，究竟意义何在呢？

每个行业都有它不变的内核，那就是如何更好地服务它的客户。由此，让我们来看看，将互联网应用于教育，其"内核"和"本质"是什么，会产生什么重要影响。

零售业的本质就是提供商品流通服务，客户需求就是不变的本质。但是，管理学传统的"客户"是一个群体概念，我们把所有客户看成一个整体，所有的企业流程设计、活动设计和管理的组织，都是基于这个群体概念的。而互联网引入零售业带来的最重要的影响，是从"群体"到"个体"的转变。互联网让我们有可能了解每一个消费者的行为数据，从而挖掘到每个客户的"个性需求"，并为这个个性需求提供服务。

另一个影响是客户看待企业的"维度"，之前的企业在客户眼里是一个剖面。尽管企业实际是一个动态的、立体的系统，但客户往往只能从"产品"这个剖面了解企业，只能从销售人员的行为了解企业的行为。但互联网把企业全方位开放给每个消费者，甚至消费者即使不购买企业的产品，不和企业的员工接触，都能更深切地、更系统地、更全面地体验到企业的服务内容和品质。

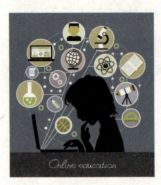

现在时髦的互联网话题是"O2O模式,""O2O"即 Online To Offline,也即将线下商务的机会与互联网结合在了一起,让互联网成为线下交易的前台,线下则提供服务。回到"教育"这个话题,运用技术把教学过程搬上网络,而线下则是为每一个学生的个体提供服务,教学的重点也因此应转向"个体"的培养。

因此,我认为互联网对教育的影响是让教育回归本质:因材施教。

文 章 重 点

◎ 教育的核心就是因材施教:发现每个孩子的特点,有针对性地制定教育计划,运用适合不同孩子特点的内容和方式,帮助孩子成长和提高。

◎ 在目前中国的现实情况下,学校可能只去关注"同"的部分;而家长则不得不承担起关注"异"的部分的角色,而异的部分更重要。

◎ 管理学传统的"客户"是一个群体概念,我们把所有客户看成一个整体,所有的企业流程设计、活动设计和管理的组织,都是基于这个群体概念的。而互联网引入零售业带来的最重要的影响,是从"群体"到"个体"的转变。互联网让我们有可能了解每一个消费者的行为数据,从而挖掘到每个客户的个性需求,并为这个个性需求提供服务。

延伸阅读

◎《技术的本质:技术是什么,它是如何进化的》,W. Brian Arthur著。

◎《解释的工具:生活中的经济学原理》,熊秉元著。

招生的困惑

招生几年，见了很多考生和家长，把他们高考填报专业志愿的原则总结成一句话，那就是：一分都不能浪费！

2014年6月，应中国科学技术大学管理学院招生组的邀请，作为招生组成员，参加了科大高考前期宣讲和招生活动，与学生和家长们有了很多的交流。这个过程，让我对目前的我国中等教育有了更多的感受和了解。

选专业

你们最好的专业是什么？你能给我最好的专业吗？招生中被问到最多的问题，就是关于专业。每一次，问我这些的都是家长们。而我，每次都不会直接回答家长，而是先把孩子拉到面前，问：你未来想做什么？让我惊讶的是，没有一次孩子能给我正面的答复，不是说还没想好，就是看着我，似乎我是一个外星人，问了一个没有标准答案的问题。我只能这样安慰自己：也许有想法的学生都没有来吧。

"专业"，对于打算进入科大的、有很大可能从事学术工作的学生而言，一定是这一生忠诚度最高的东西，远远高于对某个组织的忠诚度。一个人，有可能在不同的单位或组织工作，但大多时候，一定还是在其所从事的专业领域中，从事学术工作的尤其如此。一个化学教授，可以在这个大学任教，也可以在另一个大学任教甚至担任校长，但不太可能变成物理教授或管理教授。学术工作者的专业忠诚度非常高。

战略管理理论认为，你不可能服务于所有客户，也不可能在所有领域获得成功，必须定位清晰，不断积累经验，获得成功的可能性才会高于他人。所以，一个组织获得成功的前提就是定位，而专业，则能帮助你定位并获得成功。专业是个巨大的过滤器，把无关的东西过滤掉，把与专业有关的东西传递给你，通过不断的强化过程，让你不断锻炼能力，帮你更加"精准定位"，最终获得成功。因此，专业是一个战略层面的选择，不能考虑得过于短期，也不能轻易被短期收益所误导。一旦选择，必须坚持！

一个在中国接受中学教育的学生，对未来会有什么样的思考呢？对自己又有怎样的定位呢？每个与我交流的家长都非常以自己的孩子为荣，似乎高分已经说明了一切；而孩子没考好的家长又都似乎低人一等，有见不得人的感觉。我开玩笑地说，在官场是"官大一级压死人"，在学校好像要"考高一分压死人"了。

《西南联大启示录》制片人张曼菱[1]在北大演讲时，把高考得到高分定义为"压抑的胜利"。她认为某种程度上这是一种消极的标志。高分，并不意味着比其他同学优越、聪明、有天份、有前途；相反，意味着高分学生比其他同学更能够接受压抑、配合压抑，更能服从压抑学生的学校和家庭、老师和家长。通过压抑个性和对压抑的服从，才通过了考试机器，得了高分，得以进名牌高校。这些学生，在选专业时，几乎肯定会受到之前思维惯性的影响，一窝蜂地依据排名或是分数来选择自己的未来专业方向，或者是依据不同学校的专业排名，或者是依据自己的分数能达到的最高专业分数，选择报考的专业。总的来说，一句话：一分都不能浪费。这毫无疑问是盲目的。

更多时候，孩子已经习惯了被安排，因此选专业的任务也自然地由家长代劳，几乎所有的家长，都是从就业角度考虑专业选择，而对不同职业的看法，基本不考虑长期的发展变化，也不考虑孩子的自身特点，较多地受到当前社会普遍评价的影响。这样的选择结果，就造成了大批孩子在入学后产生抵触情绪，或是毕业后形成就业的"冷""热"区别。

出于这种原因，目前中国科大倡导的入学后可灵活地自由选择专业的做法，无疑对孩子的发展有益，既规避了家长和孩子由于对专业缺乏了解的盲目性，通过孩子入学后对专业和自身兴趣的深入了解，再来选择自己的未来方向。同时在校内各专业间适当引入竞争，梦想当科学家的可以选择基础研究、出国深造等；希望尽快就业的可选择应用型的领域，满足就业要求。也就是选择各自感兴趣的专业，选择适合自己志向的学科发展。无疑是符合高校培养的发展方向的。

选学校

这次招生最让我受伤的无疑是一个高分生和他的家庭，让我经历了先是同情想提供帮助，最终演变为"厌恶"而放弃联络的过程。

知道这个考生是因为一个电话。我去学校开宣讲会，提前一天，学校把对报考科大有意向的学生都通知了一下，宣讲会正式进行时大部分学生都来了。有一位学生分数考得不错，却没有来现场,于是本着负责任的心态,我拨通了学生通讯录上的电话,是他妈妈接的,我问她为什么孩子没有来,妈妈的一番话说得让我很揪心。她说她的家在山区,离学校很远,家里也比较困难,所以来不了。我的第一反应就是想起了自己研究室里之前那些家境贫寒的学生们。一定要帮助他! 我心中暗下决定。妈妈还说她的儿子知道"科大",了解我们是一个好学校,来科大一直都是孩子的梦想。于是我请他妈妈把孩子的号码给我,我会在电话里向他介绍并提供咨询。妈妈的一番话让我再次心痛:家里只有一部手机,只有等孩子回来才能联络上。于是我请他妈妈等孩子回来打一下我的电话,我会马上回拨过去。

我放下电话,马上跟招生组长沟通,希望动用科大专门为优秀贫困生提供的入学奖学金,让孩子体面地上学。当天晚上、第二天我不断地和孩子保持着联系,但渐渐地,我感觉出家长和孩子的态度在不断发生变化。原来,又有几个学校联系了他们,提供了更优惠的条件。电话中,家长还不断追问我有没有比其他院校更好的条件。看来,这个家庭为了拿到更多的利益,开始拿孩子的分数在几个大学间博弈。我心里出现转折应该就是在那一刻,虽然我的心有点凉,但还是按捺住不快,心里安慰自己:这样的家庭确实需要帮助,于是继续为他申请更多的帮助。直到他开始赤裸裸地拿别的学校的价码直接向我提条件,我终于按捺不住,不再和他联络。因为,我已经无法掩饰我对这个家庭做法的不屑,也担心让他们感觉到我的不屑,尽管这种担心可能完全是多余的，他们早已无所谓了。不过我更害怕的是，如果我继续和他们联络，我会连自己都看不起！最终，这个高分学生去了别的学校，我想，他也不是科大的"菜"！

我在招生宣讲会上，在介绍"中国科大"特点时，对所有的家长和孩子说了一番话：在座的每位学生，你们的成绩尽管很优异，但是，人的一生是要全面发展的。在学习之外的很多方面，大家的分数可能远没有高考分数这么高，排名那么靠前。虽然我们非常清楚不同机构高校排名的指标体系，但科大仍然坚持为自己的学生做了很多可能根本不会影响学校排名指标的事，究其原因，就是我们希望为所有的学生打造属于你们自己的发展之路。

我不知道，他们是否听懂了。

对那个高分的孩子，尽管我的一颗真心没有换来你的真心，但这不是让我最遗憾的，我最最担心的是：你将如何面对未来人生的更多选择。愿你顺利！

招生，让我印象最深刻的是学生、家长、老师和学校对"分数"的态度。意外的不是对分数的重视，而是重视到了这种程度，甚至极端到可以拿分数来做交易。突然想起叶圣陶[2]先生关于教育的一句话："千教万教教人求真，千学万学学做真人。"教育的本质是让人成为一个"真人"——求真知，学真本领，说真话，办真事，追求真理。这个目的没达到，无论分多高，从教育的角度来说，可能都是失败的。

注 释

1. 张曼菱，独立制片人，导演，1982年毕业于北京大学中文系。

2. 叶圣陶（1894~1988），现代作家、教育家、文学出版家和社会活动家，有"优秀的语言艺术家"之称。

文章重点

◎ 专业，对于打算从事学术工作的人而言，一定是这一生忠诚度最高的东西，远远高于对某个组织的忠诚度。

◎ 专业能帮助你定位并获得成功，它是一个战略层面的选择，不能考虑得过于短期，也不能轻易被短期收益所误导。一旦选择，必须坚持！

延伸阅读

◎《知识社会中的大学》，Gerard Delanty 著。
◎《大学的名片：我的人才理念与实践》，刘道玉著。
◎《跟着张鸣上大学》，张鸣著。

孩子们为什么要阅读？

读，并感受着。

我们这么多年已经把孩子训练成不食人间烟火，只会置身度外、冷眼旁观，从不把自己放入其中了。

女儿考了试,发了卷子后,有点闷闷不乐。我问她怎么了,她告诉我成绩不太好。我连忙安慰:"没关系,下次努力。来,我来帮你看看错在哪了,总结总结。"女儿拿出卷子,看完卷子和老师的给分,再看了标准答案,我顿时也闷闷不乐起来。不是为了女儿的分数,而是担心起孩子们的未来了……

举一个例子吧。这是一道阅读题。

父亲的船
高巧林

① 父亲拥有一条船。坚厚的舱壁、宽阔的舷板、稳健的橹桨……总之,无一不是我幼小心目中神圣而尊严的精神依托。

② 奶奶曾经告诉我,一个旭日东升的早晨,父亲摇船去了村东的大湖,把我的胎盘扔进汹涌的浪涛里。我听了一震!奶奶却笑了——"湖神会赏你一副好胆气,长大后才可做像你父亲一样的男子汉!"

③ 父亲的船,驶进我的童年,在冗长蜿蜒的水道上荡漾,颠簸。悠悠的橹桨边泛起一泓泓欢乐的笑靥和委屈的泪。

④ 那天,是我永远难忘的日子。

⑤ 一丝纤细的牛草,悄悄地把我的睡梦牵醒。我揉开惺忪的眼帘,携上心爱的木刻小舟,还有一只赭纹密布的海碗,跃上了父亲的船。

⑥晨风中传来咿咿呀呀的橹桨曲。父亲脱下热烘烘的衣衫，披在我寒颤颤的肩背；又从海碗中取来黄乎乎的面枣，塞进我稚嫩的手窝。蓦然回首，村里的那棵银杏树，已在遥远中忽隐忽现，唯独我心爱的木刻小舟寸步不离地尾随着父亲的船绳。我仿佛第一次看见了生活中的父亲和我，继而，懵懂的心田里流过一股淡淡的酸涩。

⑦江风紧了，父亲上岸拉纤。我立在船头上看见，父亲微驼的背上拽着一根粗大的绳索，艰难的步履在尘沙飞扬的岸滩上，写下一串深沉的脚印。我再也站不住了，满腔的疚意燃成一团小男子汉的火焰——我收起舷边拖牵着的木刻小舟，蹬的一下跳上岸去，自个儿奔跑起来！

⑧父亲那血红的牛一般的双目中，顿时现出莫名的恼怒和痛苦，骂道："才十三岁的人蛋，就不听话啦！"

⑨我流泪了，泪水流成个白亮亮的小河……

⑩傍晚，我从门槛缝里偷出一把钥匙，蹑手蹑脚地开启了父亲的船锁，第一次在村前的小河里摇开属于我的橹声。调皮的船头，顶了小河埠，又撞了竹架桥。歇橹看时，手窝里磨起了透亮的泡泡。

⑪父亲站在河岸边,投来一束慈祥而欣慰的目光,手里还捧着我那只心爱的小木舟。父亲正重温他早已逝去的童年。

⑫夜里,我在梦境中真的成了男子汉——独自摇着父亲的船,去了村东的大湖里,尽情又浪漫地摇呀摇……

(选自《优秀千字散文选》)

问题之一:为什么说"那天,是我永远难忘的日子"?请联系全文分析。

女儿作答:因为"我"看见父亲尽管很艰难地拉绳索,也不愿"我"以身犯险,"我"感受到了父亲对"我"深深的爱与呵护,体会到了当男子汉的艰辛。但同时也很幸福,因为父亲和父亲的船,都是我心中神圣的精神寄托,"我"梦想着可以像父亲一样驾着船,像父亲一样勇敢。

再来看看标准答案:(1)父亲带"我"出航,使"我"感受到了欢乐。(2)"我"第一次感受到生活的酸涩而心存疚意。(3)父亲对"我"责骂让"我"流泪,感到委屈。(4)"我"偷出钥匙第一次一个人去划船。(5)夜里墩梦,"我"期盼着自己成长。

6分的题目,女儿被扣了一半。仔细分析女儿的答案,作为父亲的我感觉到了她阅读完之后的自身感受。虽然"我"打着引号,但女儿显然是把她"自己"也放在了"我"里面的。这点让我十分欣慰。而标准答案中看不见人的参与,看不见感情的参与,其实更反映了我们对阅读目的的理解出现了问题。

我的一位学生想通过实习,了解企业运作,我帮他联系了一家企业实习了2个月。回来后我问他,有什么感受?他说了一堆这个企业这个不好,那个不是。我告诉他,不是请你去做咨询,你还远没到能够帮企业咨询的资格,重要的不是评价企业,而是你得到了什么。他语塞了。

我请了企业家和MBA学员们交流,结束后我问同学们有什么感受。回答又是那个行业不错、企业家机遇很好……还是没有人联系"自己",把自己放到情景之中。

我突然发现,我们这么多年已经把孩子训练成不食人间烟火,只会置身度外、冷眼旁观,从不把"自己"放入其中了。

阅读也好,交流也好,其实都是了解别人的经历。目的是什么?我觉得可能有四个方面:激发生活兴趣、培养理解能力、增强思考意识、做到学以致用。就这四点而言,后两点尤其重要。

我们的教育,热衷于引导孩子思考后得到"正确答案"。其实人的口味不同,喜爱的滋味千差万别。"一千个读者心里有一千个哈姆雷特",说的正是这个真理。对

于书籍中大是大非的问题,当然需要大人们当头猛喝、毫不含糊地指明积极的方向,这的确需要"正确答案"。但大部分书中,尤其是随着孩子的成长,此类原则问题会越来越少。更多的问题,可能只是作者经历不同,角度不同,或是孩子从中感受不一。这种情况下,爱护孩子的思考,比得到任何"正确答案"更重要。哪怕孩子思考后的答案和通常的理解风马牛不相及,最多地应该是委婉地说一声:"原来你是这样想的!好别致!我的想法是……"仅此而已。其实,如果仅读书而不去思考,任何书对你本身都毫无意义。任何书都是"他者"个体生命体验的言说。除非读者本人用思考将内容与自己的生命关联,才赋予其意义。

孩子们的思考有时看起来再简单不过,其实最有效之处在于——若生命是树木,书籍就是肥料,孩子们的每一次思考,都是促使根茎向生活的土地深处多探索了一点。当思考形成了习惯,书籍与生活就会因为思考而交汇、互为补充、互相滋养。长此以往,阅读才会真正与"生命"形成互动。

在我看来,其实每个人的生命,都是一部大书。我们读书,只是为了探索如何更好地来书写我们自己的"生命之书"。

"救救"孩子!

文 章 重 点

◎ 这么多年孩子已经被训练成不食人间烟火,只会置身度外、冷眼旁观,从不把自己放入其中了。

◎ 任何书都是"他者"个体生命体验的言说。除非读者本人用思考将内容与自己的生命关联，才赋予其意义。

◎ 当思考形成了习惯，书籍与生活就会因为思考而交汇，互为补充、互相滋养。长此以往，阅读才会真正与生命形成互动。

延伸阅读

答某君书：人生有何意义？

……我细读来书，终觉得你不免作茧自缚。你自己去寻出一个本不成问题的问题，"人生有何意义？"其实这个问题是容易解答的。人生的意义全是各人自己寻出来、造出来的：高尚、卑劣、清贵、污浊、有用、无用……全靠自己的作为。生命本身不过是一件生物学的事实，有什么意义可说？一个人与一头猪，一只狗，有什么分别？人生的意义不在于何以有生，而在于自己怎样生活。你若情愿把这六尺之躯葬送在白昼做梦之上，那就是你这一生的意义。你若发愤振作起来，决心去寻求生命的意义，去创造自己的生命的意义，那么，你活一日便有一日的意义，做一事便添一事的意义，生命无穷，生命的意义也无穷了。

总之，生命本没有意义，你要能给他什么意义，他就有什么意义。与其终日冥想人生有何意义，不如试用此生做点有意义的事……

节选自《人生的意义》（胡适著）

武汉民间联考的思考

"成绩"只是一个结果性指标,而我们却把这个并不是唯一的结果性指标变成了"目标"。

很多人羡慕我的跨界角色,隔三岔五地跑到电视上"乱说一通",别的不说,至少在观众面前混了个脸熟。其实我特想说句真心话:你们真是"只看到贼吃肉,没看见贼挨打"。上午给你几个话题,告诉你下午几点来录节目,专业点的编导还会先帮你找点资料,附在话题后面;不专业的就直接给你一篇网上的新闻,要说什么自己看着办吧。碰到这样的,你可以这样想象,就如同我每隔几天就要参加一次作文考试,几个小时内就要写一篇命题作文,不仅要逻辑通顺,还要新颖,如同你家孩子写作文时老师给的要求,我都得做到。更麻烦的是,评论一般不止一人,且参与者都非凡角,你不挖空心思弄出点与众不同的观点,现场你都不好意思开腔。有了不同观点就行了吗?不成,这又来了新的麻烦,观点不同,现场你还得辩论,让大家觉得你的观点更可取。说到底,这么麻烦的事,您说就换来个脸熟值吗?脸熟又不能当饭吃!其实我真图的,就是个挑战!隔三岔五的,有个锻炼思维的挑战放在你面前,我还真是有点乐此不疲。不得不说,这话说得有点欠抽!

一天早上,题目来了,武汉小学生的家长们,为了让孩子有机会进个好初中,活生生地弄出了一个"民间联考"[1]。

大致内容是,家长们觉得"现在武汉没有全市毕业统考,孩子平时参加的学科考试多是学校命题,可比性较差;校外机构举行的赛事不少,但大多是单科赛事,无法全面了解孩子的情况。我们希望更多地了解孩子。"于是乎家长们达成一致,促成"联考"。让孩子来年择校有个具体参照，甚至多块"敲门砖"。

此事一出，引来众说纷纭。理解支持的认为家长们办了件好事，还表扬联考不仅有创意，办得也很专业，据称不输于高考的组织水平，建议持续办下去。反对者则认为这是"一场闹剧"，不仅没有任何意义，还加重了孩子的负担，与教育发展的趋势背道而驰。

我个人认为，至少这是家长们的一次"集体发声"，代表了相当多的家长的观点。目前的择校方式并不科学，呼唤更好的、更公平的教育资源分配方式。对于目前大多数地方采用的按户口划片入学的方式，作为一个教育从业人员，我认为确实很荒谬。学校择生的标准不是以学生的实际受教育情况和潜质来衡量，而是以与教育无关的指标来衡量。本来学校招生，应该面对的是生龙活虎的孩子，现在却变成了面对冷冰冰的地图和地产开发规划。至少我就不能接受这种选择标准。家长更是秉承"孟母三迁"的传统，哪里学校好我就搬到哪儿。于是，这个标准还是演变成了以爹妈钱包的厚薄来划分入学资格。

本质上我们必须承认，孩子，包括他们的家长们是存在"差异"的。就好像"减负"这个提法，在我看来什么是负担，可能是因人而异的，不喜欢的可能认为是负担，喜欢的可能认为是乐趣；能力强的不认为是负担，能力差的可能根本就无法承受。这些差异是客观存在的，但最终这种差异却被"成绩"这把唯一的"刀"给"斩断"了。

在我看来,"成绩"只是一个结果性指标,但似乎这个并非唯一的结果性指标却变成了"目标"。就好像体检表里有个项目的指标高了,于是我们往往不弄清原因,而是马上吃药,企图降下来。但很多时候的结果是,不仅这个指标没降下来,因为药物的影响,其他指标也有问题了。有时候我甚至怀疑,体检表的出现到底是好事还是坏事。由此看来,教育的问题,是我们忽略了系统性思维,把"成绩"这个单项的、结果性的指标(也许是其他因素考核成本过高的原因),变成了目标。

教育到底要干什么?教育到底要怎么办?

这首先是个目标问题,这个目标至少包含了四个层级:教育目的;学校的教育目标;学校的培养目标;家长和孩子的目标。

"教育目的",是对全社会而言的,解决的是把受教育者培养成什么样的人的总的要求。"学校的教育目标",其实是不同学校的不同定位,体现了在全社会整体目标下,各级各类教育机构依据自身判断和自身资源,提出的对被培养人希望达到的要求。"培养目标"是学校结合自身教育目标的、适应当前社会需求的、具体化的培养要求。"家长和孩子的目标",则是在对自身特点认知的前提下个性化的要求。

从目标的分类来看,这里面最核心的角色其实是学校或是各类教育机构。学校被约束死了、没活力了、不思考了,整个体系就出问题了。因此,解决问题的核心是放开学校的"手脚"。

因为学校这个角色的核心任务，就是在符合教育目的大前提下，引导和满足家长和孩子们的个性化需求；而对不同职业的社会需求，通过学校或教育机构的不同定位来实现。

对于教育管理部门而言，主要考量前者，把后者交由市场去检验。教育管理部门对学校，特别是承担义务教育任务的学校，不要过多地去考量结果，主要控制过程公平，控制师资的均衡，优先解决教育资源失衡问题。例如像日本的中小学，每年都会有三分之一的公立学校老师随机流动，更重要的是，较弱和偏远的学校拥有对新教师的"优先选择权"。这就像美国的NBA联盟一样，让弱队先挑新队员，来保证不同球队间的均衡。学生的成绩当然也会考察，但不是用来评估学校，而是用来引导教师流动，促进学校间的均衡，降低差异水平。政府拿出很大一部分资源用于解决师资流动带来的安置问题和教师水平的提升问题。中国地域辽阔，完全借鉴外国的经验虽然有一定难度，但是可以在区域范围和比例上有所不同。

中国教育出了问题，这已经成了共识。但教育是一篇大文章，正如电视节目的时间有限，无法展开一样，我这篇小文章更是无法系统论述。值得指出的是，教育虽然和其他行业一样，存在着价值链，存在着分工，但与其他行业不同的是：其他行业追求的是效率，因为只有效率更高才能获得更大的价值和成功；而教育在追求效率的同时，还要兼顾公平。很多时候，公平更为重要！

注 释

1.具体的新闻请关注观察者网相关报道（http://www.guan-cha.cn/Education/2014_11_13_286180.shtml）。

文章重点

◎ 学校的核心任务,是在符合教育目的这个大前提下,引导和满足家长和孩子们的个性化需求,而对不同职业的社会需求,通过学校或教育机构的不同定位来实现。

◎ "减负"这个提法,在我看来什么是负担,可能是因人而异的,不喜欢的可能认为是负担,喜欢的可能认为是乐趣;能力强的不认为是负担,能力差的可能根本就无法承受。这些差异是客观存在的,但最终这种差异被"成绩"这把唯一的"刀"给"斩断"了。

◎ 教育在追求效率的同时,还要兼顾公平。很多时候,公平更为重要。

延伸阅读

◎《吾国教育病理》,郑也夫著。

你真的毕业了吗?

"以眼看世界,世界很小;以心看世界,世界很大。"可是,自己的强大内心从何而来?

微信上转发的文章越来越多,对于经常看微信的我来说,似乎每一篇文章都越来越眼熟,我们已经越来越不习惯自己动手干点什么了。即使我自己,写文章或是在电视上做评论,也习惯了先打开网页,看看别人都有什么意见。但我唯一还坚持的,就是看了别人的想法后,我总要自己有点思考,有点与众不同的东西,哪怕只有一点点,才肯把它拿出来,写成文章发出去。有一天,我的一位20多年的老朋友告诉我,她只看我的微信内容,因为里面的每个字都是我亲自用键盘敲出来的,写的东西也是自己的思考。从那时起,我下决心申请了微信公众平台,打算只发自己的想法和思考。

本文是一篇读后感。引起我写此文的主要是我的一位MBA学员毕业论文的致谢辞。

之前各位学员的致谢,我都是在毕业论文里面看到的,多是文字很通用的那种。而他,对为什么要致谢,对要感谢的人,于理于情写得真切、平实、诚恳。他还专门把致谢发给我,很让我意外。而看完了这篇致谢辞,我觉得让他毕业的决定是正确的,因为他确实达到了毕业水平。

那么,到底什么是学员们应该在MBA或是EMBA中最需要学到的呢?从另一个角度说,对于学生来说,有哪些东西是他们未来发展最缺失的、最需要的呢?

我认为在职教育其实是每一位学生的一段"人生修行",而来"中国科大"的修行,首先是一个自我重新认知的过程。每一个跨入科大管理学院的学员,无疑都已经在各自的领域做出了一定的成绩,取得了一定的成功,多多少少都有了一点以我观物的"骄奢之目"。殊不知"以眼看世界,世界是很小的;以心看世界,世界是很大的"。而如何建立起自己的、强大的内心世界,可能是首要解决的问题。

在我看来,这样的内心世界应该包含两点:敬畏和感恩。

企业的增长和变化意味着冒险,风险要么是经济上的,要么是自我认识上的。经济上的风险显而易见,但对很多成功的企业家而言,他们的自我认识是自己"绝对无误"。新的行动和措施通常会受到这种冒险的自我认识的影响。我们必须承认,人类实在很渺小——这个世界上的许许多多事情远远超出了人类所拥有的认知和控制能力。而一旦缺乏敬畏,缺乏对人类的无知和局限性的深刻认识,就可能轻浮莽撞、草率行事,则更易犯错误,遭受无妄之灾。做企业如此,做人亦如此。

而"感恩",更是我们在这个沧桑与多变、繁华与喧嚣的世界里最重要的品质,让我们始终能够在浮躁中保持一分真实,在诱惑中守望一分平淡。让我们在岁月的洪波奔腾呼啸之后,大浪淘尽,洗尽铅华,穿过迷离表象,不随波逐流,进入灵魂家园。

在深刻的自我认知之后,我们完成了自我定义、自我分析和自我评估的过程。这一过程,不仅认识自己因何存在,目前的存在状态，了解自身的优劣势；更是探索自己未来发展的存在状态和路径的基础。佛学中有"所知障[1]"的概念，描述的就是既有存在体系对新的认识和创造的制约。

正是基于现有对未来路径的这种探索，在重新自我塑造的基础上，才使自己更好地存在下去，同时不断创新，创造新的存在状况，使自己不断得到丰富和发展。人的自我认识，并不单纯是关于自己作为人存在的过去和现实状况的事后反思，而是要通过这种反思以启迪关于未来的探索，又以这种探索来影响现实的存在，使之趋向于新的应有的存在。因此，人的"自我认识"不仅是事后的，而且是超前的，并且在本质上具有一种实践性。这是一个没有止境的人的进化发展过程。

学生致谢辞中所体现的除了敬畏和感恩，还充分发挥了他的文字优势，读来情深意切、文采飞扬。乔布斯在2005年斯坦福大学毕业典礼上的演讲最后告诫同学："Stay Hungry. Stay Foolish."正是不断保持的这种初学者的心态，让"苹果"不断认知自我，不断创新。

MBA或是EMBA，是一种"修行"——完成自我认知，构建敬畏和感恩之心，了解自身优势，形成创新基础，提升未来发展效率。而这，就是我通过这篇致谢辞，在思考和体悟过程中所感受到的。

注释

1. 所知障是指被自己原来的知识学问蒙蔽,产生先入为主的观念,并以这个观念的框架来批评、否定宗教,妨碍了宗教信仰的道德实践和内心的体验。

文章重点

◎ 感恩,是我们在这个沧桑与多变、繁华与喧嚣的世界里最重要的品质,让我们始终能够在浮躁中保持一分真实,在诱惑中守望一分平淡。

◎ 人的自我认识不仅是事后的,而且是超前的,并且在本质上具有一种实践性。这是一个没有止境的人的进化发展过程。

延伸阅读

◎《中国的思维世界》,沟口雄三著。

◎《人生十论》,钱穆著。

基业长青导向下的员工学习

"迈克尔波特是一位战略大师,我们上课都是用他的书作为教材。他的公司破产了。很多同学同情地问教战略管理的我:赵老师你有什么感想?

---

* 依据在凯洛格"企业大学白皮书8.0"发布会上的发言整理。

首先非常感谢凯洛格给我这个机会，在这里能和很多的老朋友、新朋友一起交流。我今天的演讲主题是《基业长青导向下的员工学习》。说到基业长青，我有时会问科大的EMBA学员，"嘿，你来科大读EMBA的目的是什么？""我们企业要做大做强！""为这事就别到科大来了，我们帮不了你太多。顶多让你的企业死得晚点，这已经是我们尽最大努力的结果了，甚至有可能连这个目标也达不到。"在我看来，基业长青，谈何容易。

如何向"基业长青"努力，我今天主要想从"路径"和"目的"两个角度来和大家分享，分享内容概括起来主要有三个词语。

第一个词语是"回归本质"。

做一件事很容易，但坚持做一件事情很难。尤其当我看到凯洛格坚持8年做企业大学白皮书，今年推出8.0版本，实在是难能可贵。我今年参加了马拉松比赛，大家知道马拉松跑到30多公里是什么感受吗？你会感觉除了意识之外，别的什么都不再属于你，你的身体只是在机械地往前移动。这种感受即使跑100次马拉松，时间点一到还是会这样。但很多人跑马拉松就是为了追求这种感觉，为什么这种感觉会如此吸引人呢？我认为一件事情坚持的时间越长，你才越能看到本质，才能知道什么是最重要的。很多人跟我谈互联网思维，我对互联网思维的理解就是回归"本质"。

为什么美国的大学要把课程放在网上呢？有人说因为他们狼子野心，他们试图哪一天把我们大家都变成哈佛校友，包括

MIT。是这样吗？我曾有幸在体校锻炼了两个礼拜。体校里分两种老师，一是文化课老师，教语文、数学等；还有一种是教练，为你量身定制训练计划。在目前的教育环境下，我发现大部分的孩子都是没有教练的，而唯一有资格和能力当教练的是父母，因为教育的本质就是"因材施教"，只有父母才有可能做到。很多老师讲课，聪明的孩子10分钟就听明白了，领悟能力稍弱的孩子多讲几遍也能听明白。因此我想，美国这些学校是考虑到这些孩子的领悟能力的差异，才把课程放到网上。领悟能力快的孩子可以"快进"，慢一些的孩子可以多看几遍。通过这样的方式，把课堂的时间留出来，用来讨论或是回答问题，实现教育因材施教的"本质目标"。

在我看来互联网是一个工具，让信息传递的边际成本递减，甚至趋于零。就好像淘宝给我们带来的变化，我们搜索一件商品，很容易看到它的竞争对手信息。但在以前，我们想要看到这件商品的竞争对手的价格是不是更便宜，这件事本身对于我们来说成本就很高，是移动互联网让这种成本降低了。在这种情况下，你唯一能和别人竞争的，就是你的"本质"、行业的本质、企业的本质。

我是讲"战略管理"课的，迈克尔波特是一位战略大师，我们上课都是用他的教材。他的公司破产了之后，很多同学问我，赵老师你有什么感想？我说战略这件事本来就不是最重要的事情，是我们把战略的地位放得太高了。因为任何一个商业最重要的是你提供的价值,而战略是为了解决你和竞争对手之间关系的。如果没有竞争对手,就不需要制定任何战略,想怎么干就怎么干都可以。所以,不是说有了战略就能成功,更重要的是要围绕你的核心价值制定战略,取得竞争优势。在以前没有移动互联网的时代,获得信息的成本较高,我们可以选择不去想,逃避这件事情;但今天面对移动互联网,你没办法再逃避,你必须要想清楚组织、个人存在的价值是什么。因此我们在做很多的坚持,就是为了找到"本质"、看清本质、回归本质。

我想分享的第二个词语,跟今天的主体"企业大学"有关,这个词就是"创造知识"。

凯洛格是专门做企业大学的。那企业大学到底是做什么的呢?我觉得首先要从"大学"说起。大学发展到今天大致经历了三个阶段。世界上最早的大学是意大利的博洛尼亚大学,大概成立于1088年。后来一百多年的历史中,先后又成立了三所大学,分别是巴黎大学、牛津大学和剑桥大学。这时候大学是做什么的呢?他们主要是来培养博学、素质较高的男生,以便让他们更好地进入上流社会。到17~18世纪,大学开始进入第二个阶段,也就是"创造知识"的阶段。代表人物是美国前总统富兰克林,他创立了费城学院,也就是现在的宾夕法尼亚大学。这所大学设置了很多的实用性专业,如航海、机械、医学等,强调大学要创造新的知识。到19~20世纪,大学进入"通识教育"阶段,为了适应知识不断更新的需求,要把学生塑造成通识人才。

当大学前面冠上"企业"二字之后,它的职责应该定位在哪里呢?如何区分它与像"科大"一样的一般意义上的大学呢?我个人认为,第一,现在越来越多的企业对企业大学感兴趣,已经设立了很多的企业大学,目前主要是把训练员工作为主要任务。但我认为训练人不是企业大学最重要的事情。第二,企业大学能去做通识教育吗?抢传统大学的饭碗,我认为不合适,估计也抢不到。因此,一个企业大学最核心的目标和定位就必须是创造知识。当然,和传统大学的创造知识的定位是有区别的,主要在于创造不同的知识。一般意义上的大学创造的知识服务于社会,促进整个社会发展和不断的进步。企业大学创造的知识是为了企业在产业环境中更好地竞争,帮助企业持续成长。企业大学将成为组织的知识产生、加工、存储、分享等"知识管理"的工作角色。

围绕着企业大学,也是我今天想要分享的第三个词语是"组织的知识结构"。

当组织的管理要围绕着组织拥有的知识和知识工作者来展开时,组织的知识结构就成了重点。如何构建组织的知识结构,并让它更好地与员工的知识结构关联,给企业不断带来创新?你必须了解如何去形成组织知识,如何去使用这些知识。在组织中有很多文本化的显性层面的知识,还有很多隐性层面的,如何让更多隐性知识显性化?同时促进知识员工隐性知识不断增加?这都是组织的知识结构要达成的目标。我觉得好的知识结构中,知识必须以包含着目标、流程和过程中的控制等概念,且这些概念间存在着关联。"创新"即来源于这些概念的改变或概念之间新的关系或新的连接的建立。

当然,组织知识结构的建立,不仅仅是创新的需要,因为知识分为两类,一类是"识他"的知识,这类知识帮助我们认清环境;还有一类是"识己"的知识,帮助我们认清自己。企业也好,个人也好,最后能走到什么样的高度,依赖的不是识他知识的积累,更多是倚仗识己知识。因为你只有看清楚自己,你才能走得更远。

最后我和大家回顾一下我们今天分享的要点:

企业未来无论是想要活得更长一点还是活得更好一点,先要看清楚自己的本质;围绕着看清自己,无论将来是建立企业大学,还是促进员工学习,目标绝不能仅仅是训练人,而是能不能创造新的知识,创造能够为企业生存、竞争和未来成长的支撑性的新的知识。而创造新知识的核心是能否建立起符合组织特点、符合人员特点的"组织知识结构"。如果做不到这几点,也就没办法做到百年老店、基业长青。

谢谢大家!

健康管理思维创新

◎ 我的戈壁挑战感悟之知其不可而为之
◎ 戈壁感悟之卓越与优秀
◎ 自律——从优秀人生到卓越人生的蜕变
◎ 我们为什么要坚持？
◎ 选择——配得上你曾经经历的苦难
◎ 那些年伴我运动的鞋们

我的戈壁挑战感悟之知其不可而为之

子路宿于石门。晨门曰:「奚自?」子路曰:「自孔氏。」曰:「是知其不可而为之者与?」
——《论语·宪问》

我在课程上和实际工作中经常强调：管理是一种思维方式。构成管理思维方式的众多要素中，"目标"无疑是首要要素。做事要有目标，在过程中不能偏离目标，必须制定流程和评估方式来保证目标的最终达成。当然，对目标的设定也要考量自身能力、资源，确保其可实现、可执行、可控制等。

"戈九"（2014年第九届"玄奘之路"国际商学院戈壁挑战赛）观摩之行归来，在所有拟参赛队员EMBA学员的要求下，我打算报名以领队的身份参加来年的"戈十"挑战赛。按照我的思维方式和一向做事的习惯，我开始为自己设置目标。毕竟已经多年没有系统地训练和运动，而戈壁挑战赛的难度又非常高，需要四天在极端恶劣的环境中徒步112公里。于是我设置了一年的训练计划，包括参赛目标和各个阶段需要达到的运动与身体目标。

但与以往不同的是，这次目标的设置却总在不断变化，而且越来越低，我个人的参赛目标从一开始的冲击好成绩，到后来的不拖团队后腿，再到后来的能坚持走到终点就行。究其原因，其实是内心对比赛的恐惧。根据过往参赛队员的叙述，比赛路线虽然是112公里，但这个距离是根据GPS"量"出来的，由于戈壁上没有路标，没有方向，甚至没有道路。沿途到处是荆棘、沙石、坑洼以及绵延不绝的戈壁沟壑和永远踩不实的沙漠……多走了路甚至迷路的几率非常高，几乎没有人只走112公里就完成比赛，实际徒步行走距离多在120~130公里之间。我越来越意识到这绝对是一次让人心悸的残酷之旅!

　　因为这个原因,每一次我设定了目标,就开始对自己的能力产生怀疑,于是下调目标,又产生怀疑……陷入了循环。数次反复之后,我突然开始怀疑自己,反问自己:这个任务对于已年过四十的我而言,是不是根本就是一个不可能完成的任务!我根本就是在做一件知其不可而为之的事!

　　突然发现,我早已习惯了的做任何事都设置目标的模式中,隐含的其实就是要预先评估这件事完成的可能性,再根据这个可能性和预期收益,为所有的事排序。排序完成之后,再决定是否做,投入什么样的精力和资源来完成目标。本来,设置目标是为了更好地完成任务,没想到不知不觉中,目标的影响力越来越大,甚至影响了我们对事情的选择,让我们变得急功近利起来。对于有利的目标,我们趋之若鹜;对于存在不确定因素的、暂时看不到价值的目标,我们避之不及。

　　"目标"有几种作用:

　　(1)导向作用,指引我们努力的方向;

　　(2)激励作用,支撑我们朝既定的方向不断奋斗;

　　(3)凝聚作用,通过目标,把更多的有共识的人积聚在一起;

　　(4)考核作用,用目标判断结果。很多时候,我们越来越强化了考核作用,忽视了其他的作用。

那么,知其不可而为之,当否?翻开《论语·宪问》,找到这句话的出处:"子路宿于石门。晨门曰:'奚自?'子路曰:'自孔氏。'曰:'是知其不可而为之者与?'"这句话似乎是要通过一个看城门人之口,描述了那个时代的人对孔子的普遍评价。确实,孔子周游列国,历尽艰辛,一路冷遇,仍然坚持、坚守,向诸侯国君主宣扬他以"仁"和"礼"为核心的治国理念,希冀通过实践自己的政治主张达到救世弘道的功效。但由于当时的现实情况,或是君主们对其敬而不用,或是遭到臣子反对,孔子的理想并没有得到顺利地发展与实践。尽管踌躇满志,最后也不得不转而以教育著书的形式,来寄托他一生的理想与奋斗目标。不断追求自己的理想,即使知道自己可能无法成功,仍旧不懈坚持,也体现了一种使命感,更是一种精神。

回想起十年前刚到日本留学的时候,一直喜欢运动的我因为找不到可以一起运动的同伴,干脆参加了东京工业大学的羽毛球部活。所谓"部活",其实就是学部生(日本的本科生叫学部生)的俱乐部,由学校提供费用和场地,由学生自己组织活动,几乎包括了所有体育和文化项目,既是爱好者的组织,又是我们所谓的校队。每年代表学校参加校际比赛的选手都是从不同部活中选出。每年入学时总是可以看到各个俱乐部的"抢人大战",就是向新生介绍自己的活动,以便引入"新鲜血液"。

说是爱好者,参加羽毛球部活的日本学生基本都是从小打起的,水平都不一般。训练更是与国内不同,一周三次,每次约

4个小时,前面2个小时是5000米跑步和力量训练,然后是有球练习,最后1个小时则是捉对打比赛。全部结束后再来到学校里面的一个长度约70米、很陡的上坡,三人一组冲刺跑,每组的最后一名还要被罚多跑一次。相对于学部生20岁的年龄,当时已年过30的我参加了几次之后,就已颇感吃力,不仅跟不上队伍,每次还要被罚跑,甚至自己都常常问自己:参加这样的活动到底为了什么?多少次打算放弃,考虑到队中就我一个中国人,虽然几乎没人熟悉我,但为了颜面,尽管每次去训练之前都要经过内心挣扎,尽管每次都累到精疲力竭,我还是咬牙坚持到了学期末。当我离队时,每个队员与我握手告别,队长(也是全日本大学生的冠军)送给我一件绣了他名字的球衣,对我说:我们为有你这样的中国人队友感到骄傲。那一刻,我心中非常明白:赢得所有日本队友尊重的,绝不是我的球技,而是那一份不放弃、"明知不可为而为之"的精神!

一名剑客,遇到高手,是退而避之,还是知其不可而为之,敢于亮剑?我想,若要永不服输,敢于直面困难和挑战;若要锲而不舍、发挥潜力、勇往直前,唯有"亮剑"。戈壁挑战赛传递给我们的,岂不正是这种精神?

做一件事,固然需要目标,但驱使你决定做不做这件事的,不应是目标本身。

既如此,走,上路!

文章重点

◎ 设置目标是为了更好地完成任务,没想到不知不觉中,目标的影响力越来越大,甚至影响了我们对事情的选择,让我们变得急功近利起来,对于有利的目标,我们趋之若鹜;对于存在不确定因素的、暂时看不到价值的目标,我们避之不及。

◎ 明知做不到却偏要去做,有时候也体现了一种使命感,更是一种精神。

延 伸 阅 读

◎《关键链》,Eliyahu Goldratt 著。

◎《什么是管理》,Joan Magretta 著。

戈壁感悟之卓越与优秀

回首这些年，满脑子都是"竞争"二字，一路拼搏过来，成功者有之，失败者有之。成功的唯我独尊，拔剑四顾心茫然，没了激情，找不到了前进的方向；失败的，遍体鳞伤，失去了信心和勇气，开始安于现状。

第十届"玄奘之路"商学院戈壁挑战赛(简称"戈十")的参赛人数已超过2000人。每年这个时候,敦煌人戏称:那帮疯子又来了。有人问,这些人为何而来?

在参赛过程中及回来后,总有人问我最后的名次,似乎名次不理想,就没有参加的意义。比赛中,确实也有些院校,为了名次,出现了不和谐的声音和举动。我问队员,也问我自己:我们到底为何而来?

平常的课程中,我常会问学员几个问题:你是想做一个优秀的人,还是一个卓越的人?你是希望做一个优秀的企业,还是做一个卓越的企业?那么,"卓越"与"优秀"有什么区别?

同学们的回答各不相同,总的来说,大家都是选择卓越,原因是卓越比优秀好。但卓越和优秀这两个概念的区别,大家似乎都没怎么想过,表述得都不太清楚,比较模糊。

"概念"是知识存在的重要部分,另一个重要部分则是概念之间的关系。这两方面不仅会影响个人的行为,同时也会影响到组织的定位和活动,对于企业来说甚至会给市场和消费者也带来重要影响。比如,"手机"是一个概念,那么现在的手机和几年前的手机,在概念上有区别吗?原先"手机"的概念更多地是指硬件,而从苹果公司推出iPhone开始,"手机"的概念已经是硬件、系统,再加上应用程序(APP)的组合了。正是由于手机概念的变化,它与我们日常生活的关系也发生了巨大改变,为苹果公司和其他手机厂商带来巨大商业价值。我想乔布斯对于苹果公司，包括手机行业的贡献，这也是很重要的一方面吧。

再来思考卓越和优秀，在概念层面到底有什么样的区别呢？优秀，我在定义中是用来与竞争对手相比的，是战胜了竞争者；卓越，则是与自己相比的，是超越了自我。

因为参照对象的不同，实现的"路径"也就产生了不同。

达到"优秀"的目标，也就是要战胜竞争对手，可以采取提升对手所长之处的方式，也可以采取提升对手所短之处的方式。出于效率的缘故，大多时候采取的是提升对手之缺的方式。那么，首先要了解谁是自己的竞争对手，然后分析他的优势和不足，在其不足之处狠下工夫，实现超越。

而要达到"卓越"的目标，超越自己的目标，更多的是要提升自己的短板。要做的是了解自身的长处和不足，提升自己的薄弱环节。

以上这两种路径会是一致的吗？如果一致，就意味着自己的短处恰巧也是对方的短板，这种情况概率可能不高。大部分的情况是，为了战胜对手而需要提升的因素，并不是自己最该提升的部分。重要的是，无论是对个人还是组织而言，从长远来看，"均衡发展"才是长久、健康的基础。如果从战胜对手出发，提升了可能并非是自己短板的因素，在战胜对手的同时，会使得自己更加不均衡，为未来的发展埋下隐患。

不同的选择,随之而来的是不同的视角。期望超越别人的,眼睛和关注点始终在对手身上,特别关心对手的问题和短板,发现了就有超越的机会。期望超越自己的,总是试图挖掘自己的短板,不断加强,提升自己。

比起挖掘别人的缺点,挖掘自己的短板往往难得多。这可能跟人的本性相关,否定自己总是有着本能的抵触。要想发现自己的问题,总结起来,无外乎两种方式:别人指出,或是试错。别人指出的,就有可能指错,即使错了,也不能发火,无论指出的是对是错,都要感谢,这就需要有包容的胸怀。"试错",就可能会出丑、丢面子,首先要有勇气放低自己。而这些,都不是容易做到的。

回首看这些年,满脑子都是"竞争"二字,幼儿园、小学、中学、大学、工作,是人就要争,事事都要争,一路拼搏过来,成功者有之,失败者有之。成功的唯我独尊,拔剑四顾心茫然,没了激情,找不到了前进的方向;失败的,遍体鳞伤,失去了信心和勇气,开始安于现状。

回忆起戈壁路上,虽然有的队伍为了成绩争得不可开交,但我所感受到的更多变化,是遇到其他院校的队友时,从最开始的不理不睬到彼此喊一声"加油",再到无论是对方超越我,还是我超越对方,都要看着对方的号码衣,喊出对方的学校和名字彼此

加油,因为这样,一路上我记住了好多名字。

　　我突然明白,原来这一生,我们需要的是不断挑战自己、超越自己的"卓越"精神,而不是战胜对手而获得的"优秀"评价。唯有此,你才会把目光从关注别人转而审视自己,从对手的优点发现自己的不足,因而开始感恩,因而放下自我,因而自我认知,因而不断提升。

　　目标,自己,出发……

文 章 重 点

　　◎ "概念"是知识存在的重要部分,另一个重要部分则是概念之间的关系。这两方面不仅会影响个人的行为,同时也会影响到组织的定位和活动,甚至给市场和消费者也带来重要影响。

　　◎ 优秀,是与竞争对手相比的,是战胜了竞争者;卓越,则是与自己相比的,是超越了自我。

　　◎ 不同的选择,随之而来的是不同的视角。期望超越别人的,眼睛和关注点始终在对手身上,特别关心对手的问题和短板,发现了就有了超越的机会。期望超越自己的,总是试图挖掘自己的短板,不断加强,提升自己。

延 伸 阅 读

　　◎《一个人的朝圣》,Rachel Joyce 著。

　　◎《不朽的远行》,Jean-Christophe Rufin 著。

附：戈壁回归日*的发言（即兴发言，根据现场录音整理）

　　作为领队，我和13名队员一起在戈壁上度过了四天三夜，记得5月25日助威团迎接后在酒店举行的庆功宴上，有人问我："明年还来吗？"我没有丝毫迟疑地回答："坚决不来了！太难了！太累了！"那一天所有人都喝高了，第二天我睁眼醒来，我突然有点舍不得离开，在去机场的车上，我发现这是一种属于所有人的感觉，那就是：还未离开，就已开始怀念。回来后的一个多月里，队员群里满是怀念，逢五要纪念，逢十要纪念，满月要纪念，于是每月的25日就成了永久的纪念日。

　　所有人到底在怀念什么？是满脚每天挑不尽的水泡？还是一口气喝八碗的羊肉汤？是拉肚子发烧都不愿停下的脚步？还是陪伴我们整夜无眠的九级大风？这一切确实都让人难以忘怀。但我觉得这都不是所有人真正怀念的。

　　真正让所有人怀念的，我想应该是，在戈壁上我们看到了不同于平常的，也许是崭新的，也许是久违的另一个自我，从平常怀疑一切那个复杂的自我，看到了那个相信队友的单纯的自我；从平常那个唯我独尊的自私的自我，看到了那个为了团队可以牺牲一切的无私的自我；从平常那个始终端着、不断变换面具的自我，看到了那个可以放下一切、打开心扉的自我；从那个时常

---

* 戈壁回归日，指戈壁挑战赛后组委会集中组织或各参赛院校自己组织的队员交流活动，主要内容是各届参赛队员和EMBA学员的总结、感悟和交流。

感到廉颇老矣的自我，看到了活力四射、重新出发的自我。

合肥到敦煌2600公里，我们去年一起许下心愿，坚持每周50公里的跑步，一年的累计相当于走到了敦煌。正是这一年的努力再加上戈壁的四天三夜，让俱乐部的每一个人，见到了都已经久违的另一个自我！我坚信只要你们和我们一起上路，你们也会和我们一样感同身受！

感谢跑步，感谢戈壁，感谢团队，感谢家人，感谢助威团，感谢在场和不在场的所有支持我们的朋友！谢谢大家！

自律——从优秀人生到卓越人生的蜕变

你可以用标准做底线，但不能用底线做标准，更不能没有底线！

在2014年11月16日结束的合肥首届马拉松赛上,"科大远征俱乐部"的参赛队员全部顺利完赛。庆功宴上,同学们在兴奋之余,还不断对俱乐部表示感谢。这让我有点意外:俱乐部到底做了什么呢?为什么大家会感谢呢?完赛,显然是大家自己努力的结果,俱乐部除了给大家准备点服装和食物,似乎并没有对完赛做了什么直接性的工作。那么,俱乐部的意义和价值体现在哪里呢?

科大EMBA每个月有个圆桌论坛的活动,先确定一个热点话题,再邀请部分从事相关工作的企业家和任课老师进行一次讨论,并把讨论的结果形成文字,刊发在《EMBA》杂志上。我也经常收到邀请,参与讨论。记得有一次的话题是关于"食品安全"的,与会的企业家提出了标准问题,由于他所处的行业还没有相应的国家标准,因此他认为是因为国家标准制订的滞后,才导致了部分企业有空子可钻。

我认为他混淆了国家标准和企业标准的概念。什么是"标准"?从哲学上讲,标准是客观事物所具有何种意义的一种参照物?什么是国家标准?国家标准是底线,是所有从事这个行业的企业都不能低于的底线。那么,企业标准呢?我想应该是企业为自身划定的底线。而这个底线,应该是高于国家标准的,越好的企业,这个标准应该越高。也可以反过来说:你的标准越高于国家标准和行业竞争对手的企业标准,就越说明你是一个好企业。

当一个企业选择采用更高的标准时,至少说明两点:首先是企业把提高产品和服务的价值作为了竞争的手段。一个产品,高标准往往体现在更耐用或者更安全,对消费者而言无疑该产品的价值提升了。其次是表明企业开始把目标从挑战别人转向了挑战自己,是企业从"优秀"向"卓越"的蜕变。优秀是跟别人比的,是基于对手的,跟这个对手相比也许你更优秀,换个对手可能优秀的就是他了。而卓越是跟自己比的,要想成为一个领跑者,首先是心理上的,其次才是结果上的。不完成从"优秀"到"卓越"心理上的蜕变,就没有可能在结果上实现,即使偶尔出现领先,也注定是暂时的和阶段性的。当然,心理上的蜕变也不能保证一定能成功、变成领跑者,但这种蜕变会影响我们做事的心态,让我们做事更快乐、更健康,也因此会更长久。

为什么和别人比就会短暂,跟自己比就会长久呢?哲学上常谈到:人要成为一个真正的人须是"理智的存在",即坚定理性之信念,洞彻灵魂之归宿。也就是所谓的"内外明白":内面的明白是灵魂的纯洁化,有了寄托和归宿;外面的明白是尽管外部环境纷杂变化,仍保持自身是一个秩序井然、圆满自足的个体。这样的组织或个体是更持久的。

然而,理性的形成不是一蹴而就的,组织和个体从外部获取和积累各种知识,首先形成的可能只是"理论理性"阶段,这一阶段,组织和个人作为"主体"尚停留在"认识主体"或是"学习主体"的层面。通过对所学习的知识的反思,把自身融入其中,再进一步方能达到"实践理性"的阶段,相对应的组织和个人达到"实践主体"的层面。这一转变,是"知识"到"智慧"的转变,是"明他"到"明己"的转变,是"科学活动"到"哲学活动"的转变。

对组织和个体而言,知识的学习和积累,可以让我们明白自身的强项和优势;而不断地反省和反思,更多的是形成让我们产生兴趣和维持兴趣的结果。其中,产生兴趣往往是较容易的,但维持兴趣无疑是最难的。开始一件事可能是由于兴趣,达成目标则取决于能否保持这个兴趣,并在过程中享受快乐。越是远大的目标,达成的路径可能就越长,维持兴趣的难度也就越大。这种情景下的维持兴趣更多意味着"自律"。

纪律性对于个体和组织的成功来说,无疑是最核心的要素之一。对于企业家而言,更体现为自律性。"自律"是一种性格特质,与其说它是一种才能,我更愿意把它表述为一种艺术。一方面,它涉及钢铁般的意志,表现为在没有监督下也能制约自己;另一方面,它也是一种艺术,让你能在强制的义务中发现乐趣。在所有我们可能认为是正确的或是重要的事情中,自律就是那个维持兴趣并产生快乐的艺术。

如果让你去跑一场马拉松,而且是一条你从未跑过的路线,你也没有机会预先踩点,那么,你会采用什么方式来完成这场马拉松呢?如果都是这样的比赛,平常你又应该如何训练自己?

今天从队友的微信里知道了一个词：LSD，是Long Slow Distance三个英文单词的缩写，翻译成中文的意思是"长距离慢跑"。而长距离慢跑是被广泛认可的马拉松训练方法。这种方法，首先是明确目标的选择，长距离而非短途；其次是要用跑的方式，而且是慢跑，既不能是走路也不能冲刺，还要保持这种状态。在这种状态下，身体上的挑战毋庸置疑，但更大的挑战是"心理"和"精神"上的。

凌晨，或是忙碌后的夜晚，机械地穿衣服、系鞋带、出门、跑步，日复一日、年复一年；没有人监督你，甚至没有人陪伴你；你还必须每天上报成绩，还要不断提高成绩。这一切，都是你参加我们这个"俱乐部"时的承诺。

最近微信里很多人安装了微信运动的应用程序，可以在朋友圈里晒每天的步数，每天步数最多的人的图片，就会变成排行榜的封面。"上了封面"就成了每天的话题。为了变成朋友圈的步数冠军，最近有人在研究增加步数的作弊方法。其实，你的步数不需要向任何人上报。在我们的俱乐部里，每个人都很清楚，你不需要对任何人负责，甚至可以欺骗任何人，但你欺骗不了自己。

我突然明白，俱乐部能给所有人的，就是让你自律！自律！再自律！

文章重点

◎ 国家标准是底线,是所有从事这个行业的企业都不能低于的底线。企业标准是企业为自身划定的底线。你的标准越高于国家标准和行业竞争对手的企业标准,就越说明你是一个好企业。

◎ 企业开始把目标从挑战别人转向了挑战自己,是企业从"优秀"向"卓越"的蜕变。

◎ 企业从"理论理性"相对应的"认识主体"或是"学习主体"层面,达到"实践理性"相对应的"实践主体"层面。是"知识"到"智慧"的转变,是"明他"到"明己"的转变,是"科学活动"到"哲学活动"的转变。

◎ 在所有我们可能认为是正确的或是重要的事情中,自律就是那个维持兴趣并产生快乐的艺术。

延伸阅读

◎《儒教中国及其现代命运》,Joseph Levenson 著。

◎《丰田思考法:丰田的问题解决之道》,日本OJT解决方案股份有限公司著。

我们为什么要坚持？

对很多事情，我们甚至都来不及稍作咀嚼，更谈不上消化了，我们早已没有时间去看清本质了。本质这个东西，已经快从字典里消失了。

在2014年12月凯洛格[1]举行的"企业大学白皮书8.0"发布会上，主办方请我去现场做个主题发言。在发言中我说道：做一件事很容易，难的是坚持一直做，而凯洛格把做企业大学白皮书这件事坚持了8年，很值得敬佩和尊重。

为什么"坚持"值得尊重？

同样有很多人问我和科大远征俱乐部的队员们为什么喜欢马拉松？对这个问题可能有很多种答案：可能是锻炼身体，可能是锻炼意志，可能是自我实现，等等。我的亲身感受是，当你不断奔跑，慢慢地你会忘记一切，等跑到30多公里，这时候你会感觉身体已经不属于你了，你的躯干、你的腿……都是机械地在动；属于你的，只有意识还在。你突然发现，能在这个时候进入你的意识的，让你思考的，都才是你最重要的。就像我第一次跑完马拉松，第一个电话是打给我的父母和我的妻女，让他们分享我的喜悦，那一刻也才意识到，家庭在心中的位置，是那么的重要。于是我明白了跑马拉松对我的意义，就是当你不断"坚持"，你才能看清很多"本质"的东西，你才会找到很多本质的东西。而这些本质的东西，之前也许你根本就没有意识到。

现实世界的信息越来越碎片化、颗粒化，这一刻的新闻就已让上一刻的新闻过时。时间越来越支离破碎，没有电话、短信和

微信打扰的、哪怕短短的几分钟时间,在很多人那里已经成了奢侈品。越来越多的诱惑让我们迷失,越来越多的喧嚣让我们浮躁。对很多事情,我们甚至都来不及稍作咀嚼,更谈不上消化了,我们早已没有时间去看清本质了。本质这个东西,似乎快从字典里消失了。

但"本质"这个东西,也许从来没像今天这样显得重要!当移动互联网把信息传递成本已经降到趋于零时,本质就变成了最核心的东西。我们打算购买一件商品,第一件事就是想多些选择,多找几家生产品牌或是卖同样商品的,比较一下。以前信息闭塞,做这样的事很麻烦,个体的消费者基本上不可能做到。即使企事业单位的大宗购买,可能也要委托个调查公司,专门进行市场调查,付出不菲的成本和代价。那个时代,无疑是卖家的幸福时光。而今天,在网络上,你可以轻松地通过搜索,瞬间就找到出售同类商品的所有商家。作为一个商家,当你和所有对手一起排在消费者面前待选时,你凭什么脱颖而出呢?唯有你的本质!

"本质",首先是系统层面的,这个层面又包含了两个层面。一个是"产业层面"的,你在产业价值链上的位置?你为这条价值链提供了什么价值?这个价值重要程度如何?你如何改变自身现有的位置,不断提升重要性?另一个是"社会整体层面"的,你所在的产业处在什么样的发展趋势下?社会环境将对产业带来什么样的影响?哪些技术将改变甚至颠覆产业的未来?

其次是自我层面的，你自身的特点是什么？你是否清晰地知道自己已经形成了什么样的优势和劣势？这些优劣势未来将会发生什么样的变化（如重新组合或是增加新要素带来创新）、带来什么样的影响？你还需要具备什么或是改变什么？

每一个商业项目放到我面前，我都要问三个问题：你创造什么价值？你打算把这个价值卖给谁？他为什么会选择你？这三个问题都是本质层面的问题。

"创造什么价值"是系统层面的本质问题，目的是建立你所生产的价值和整个价值链之间的关系。你必须弄清行业本质，认真分析价值链，发现新的价值需求，围绕这个需求构建你的产品，最终满足这个需求。

"卖给谁"是客户需求层面的本质问题，目的是建立你所生产的价值和客户之间的关系，是对客户需求进行分类的结果，你只有清晰地了解不同客户的需求，才能够准确地定位你的客户，并将你所提供的价值与客户产生连接。

"为什么会选择你"则是自身的本质问题，目的是建立自身特点与客户需求之间的关系。只有清晰地了解自身、竞争对手和客户需求的特点，才能够让自己在与竞争对手的竞争中取得领先。

几天前一位好朋友过50岁生日，谈到"知天命"。所谓天命，指的是蕴藏在万事万物背后的规律和本质。之所以五十才知天命，可能就是因为无论是万事万物的本质，还是自己的本质，都需要花很长时间才能明白吧。

我们在这世界上行走，其实只有两件事："识他"和"识我"。识他就是认识世界、认识环境，找到环境的本质；识我就是认识自己，找到自己的本质。识他与识我两者比较而言，更难也更重要的是"识我"，识自己。

识他是科学活动，给我们带来知识的积累；识己则是哲学层面的活动，不是给我们知识，而是给我们智慧。"自觉的过程"即是哲学智慧的开发过程。识他的追求，而知有无穷无尽，也就是明白了知识的无限，因而归于对"自己主体"的自知，也即识我，有了谦虚的态度和包容的胸怀。决定成功和高度的，不取决于识他，而是识己。无论是对人，还是企业，识他带来的可能只是暂时的成功或是阶段性的成功，识我才能带来持续的发展。

佛教在谈到觉悟时，把角色分成了罗汉、菩萨和佛。罗汉是自利不利他，不管你好不好，只要自己好，他重在识己，只关注完善自己，别人的事情不管，他认为一切事情就是因缘果报。菩萨是利他不自利，重在识他，对别人认识到位，喜欢帮助别人实现目标，反过来把自己忘记了。佛则是既识他又识己，因此能自利又利他，普利各方。由此可见，如果一个人既识了他，又识了己，可能就成了佛。

按照孔子的说法，人尚且要花上五十年，才能知天命；企业又要花上多少时间，才能知道自己的天命呢？而且，对企业而言，其实知道了天命，也许才是刚刚开始。

从上述分析不难看出："本质"，对我们是何等重要；而"坚持"能让我们看清本质，能让我们更深刻地理解本质，找到本质。

注 释

1. 凯洛格是中国领先的人才培养整体解决方案提供商。通过系统化地培养人才，提升员工能力和组织能力，协助相关组织的领导人将战略转化为现实。自2007年以来，凯洛格每年发布《中国企业大学白皮书》，该系列白皮书的发布活动已经成为了组织学习领域的年度盛会。

文 章 重 点

◎ 跑马拉松的意义，就是当你不断坚持，你才能看清很多本质的东西，你才会找到很多本质的东西。而这些本质的东西，之前也许你根本就没有意识到。

◎ 当移动互联网把信息传递成本已经降到趋于零时，本质就变成了最核心的东西。

◎ 我们在这世界上行走，其实只有两件事：识他和识我。识他就是认识世界、认识环境，找到环境的本质；识我就是认识自己，找到自己的本质。

◎ 识他是科学活动，给我们带来知识的积累；识己则是哲学层面的活动，不给我们以知识，而给我们以智慧。

◎ 罗汉识己不识他，只关注完善自己。菩萨是识他不识己，喜欢帮助别人实现目标，反过来把自己忘记了。佛则是既识他又识己，普利各方。由此可见，如果一个人既识了他，又识了己，可能就成了佛。

延伸阅读

◎《中国哲学十九讲》，牟宗三著。

◎《The Nature of Managerial Work》，Henry Mintzberg著。

健康管理思维创新

选择——配得上你曾经经历的苦难

There is only one thing I dread: not to be worthy of my sufferings. (因为在那一刻,唯一让我恐惧的,是做出了配不上我所经历的苦难的选择!)

近期科大远征俱乐部集体成员赴淮南与兄弟俱乐部交流，进行半程马拉松的拉练，结果我用了2小时20分跑完全程，而且几乎所有的俱乐部队友都在3小时内完成。我的个人成绩让我自己都很意外，几天来都沉浸在兴奋之中。而对于一个所有成员都是企业家或高层管理者的EMBA学员组成的俱乐部而言，仅仅成立不到两个月，就取得这么好的成绩，无疑更是让人振奋。当我把图片、成员和更多背景信息发到我的微信圈，告知我的朋友们后，在得到众多赞赏和鼓励之余，最多被问到的问题就是：当你在最难熬的时刻，身体疲惫、肌肉酸疼、每迈出一步都是巨大的挑战、放弃的念头不断涌现时，是什么让你们坚持不放弃？几天前一位时尚杂志的记者，也问了我同样的问题。我一直在思考到底是什么原因。

从新购的图书中，随手翻开已被翻译成24种语言的《活出生命的意义》(Man's Search For Meaning)，作者是维克多·弗兰克尔[1]，二战"死亡工厂"德国奥斯维辛集中营的幸存者。著名畅销书作者哈洛德·库希纳[2]在这本书的前言中提到，亚瑟·米勒[3]的剧作《维希事件》[4](Incident at Vichy)中有一幕，是某位中产阶级的绅士向纳粹军官展示自己的荣誉证书，包括毕业证、获奖证书和杰出市民证明等。纳粹军官问：这是你所有的东西吗？绅士点点头。纳粹军官将所有证书撕碎，告诉他：很好，现在你什么都没了。于是，绅士彻底崩溃了。

看完这一段，我打开存放我的证书的柜子，看着里面厚厚的、二十多厘米高的一摞证书,心里问自己,如果这些都没了,我会怎样?如果再进一步,再拿走你的财产,把你赶出家门,会怎么样?哦,我还有朋友和亲人。如果再失去他们,会怎么样?我还剩下什么?人生中,也许突如其来的一种不可控的力量会拿走你很多东西,但唯一无法剥夺的,就是你在面对不同处境时选择的自由,更重要的,是当你拥有这份权力时,你会做出什么样的"选择"?而做出的选择,将决定了你生命的价值,就像尼采说的:"知道为什么而活的人,便能生存。"

我喜欢运动,也加入过很多的俱乐部,在以往的每个俱乐部里,对胜利的追求都是俱乐部运动的宗旨。不断地比赛,不断地淘汰,不断地提升成绩。但这些,显然都不适用于"远征"——这个特殊的俱乐部成员群体。与别人比?没有必要,因为按照社会普遍意义上的成功者定义,我们远征俱乐部的成员中绝大多数人早已被证明了是人生的成功者。远征这个平台,提供的不是人与人的竞争和比赛,而是更高层面的——与自己比赛的赛场。因为,最高的胜利绝不是与他人竞争而取得的胜利,而是战胜自我得来的胜利。你做出了选择,你就要去超越,你的队友不是你的对手,而是你的伙伴,陪伴你、鼓励你、呵护你,完成你为自己做出的"抉择"!

很多成功的企业,历尽千辛万苦,成为领先者之后,就突然手足

失措,还是把眼光看着竞争对手,想方设法阻止,甚至扼杀他们,来保住自己的领先。殊不知,不知不觉中已经落了下风,失去了存在的意义和价值。这,也许是没有出现太多真正让人尊重的"百年老店"的原因之一吧。

如果再有人问我,当你孤独前行、满身伤痛时,是什么让你绝不放弃,继续坚持?我会用陀思妥耶夫斯基[5]说过的一句话来回答:There is only one thing I dread: not to be worthy of my sufferings.(因为在那一刻,唯一让我恐惧的,是做出了配不上我所经历的苦难的选择!)

注　释

1. 维克多·埃米尔·弗兰克尔(Viktor Emil Frankl,1905~1997),美国临床心理学家。出生于奥地利,1930年在维也纳大学获得医学博士学位,1949年获得哲学博士学位。第二次世界大战中曾被关押于奥斯维辛集中营。他是享有盛誉的存在-分析学说的领袖。他所发明的意义治疗(Logotherapy)是西方心理治疗的重要流派。

2. 哈洛德·库希纳(Harold S. Kushner),著名畅销书作家。

3. 亚瑟·米勒(Arthur Miller),美国最杰出的戏剧大师之一,被誉为"美国戏剧的良心",一生获奖无数,包括普利策奖,两次纽约戏剧批评家奖,奥利维尔最佳剧作奖。

4.《维希事件》,亚瑟·米勒的独幕剧作品,描写德国法西斯分子在法国维希的一个拘留所里审讯犹太人时骇人听闻的情景。探讨人与他所憎恶的邪恶之间的关系,人类理智的沦亡和道义价值的丧失。

  5. 陀思妥耶夫斯基,19世纪与列夫·托尔斯泰、屠格涅夫等人齐名的俄国著名作家,是俄国文学史上最复杂、最矛盾的作家之一。有人认为"托尔斯泰代表了俄罗斯文学的广度,陀思妥耶夫斯基则代表了俄罗斯文学的深度"。代表作有《卡拉马佐夫兄弟》《罪与罚》等。

文 章 重 点

  ◎ 很多成功的企业,历尽千辛万苦,成为领先者之后,就突然手足失措,还是把眼光看着竞争对手,想方设法阻止,甚至扼杀他们,来保住自己的领先。殊不知,不知不觉中,就已经落了下风,失去了存在的意义和价值。这,也许是我们始终没有出现真正让人尊重的"百年老店"的原因之一吧。

延 伸 阅 读

  ◎《Man's Search for Meaning》,维克多·弗兰克尔著。
  ◎《卡拉马佐夫兄弟》,陀思妥耶夫斯基著。

那些年伴我运动的鞋们

没有什么能够阻挡
你对自由的向往
天马行空的生涯
你的心了无牵挂
穿过幽暗的岁月
也曾感到彷徨
当你低头的瞬间
才发觉脚下的路

——许巍《蓝莲花》

说真心话,这些年早已没有在运动上产生想法的念头了,毕竟已经年过四十,既没了可以叱咤风云的体力,更没了年轻时拔剑四顾的锐气。直到戈壁归来,成立了"远征军",突然,心灵深处那份久违了的豪情似乎再次被重新唤醒。就像歌中唱到的:"穿过幽暗的岁月,也曾感到彷徨,当你低头的瞬间,才发觉脚下的路。"原来,"远征军"所有队友,看起来虽然心中已经了无牵挂,其实身体里都隐藏着永不凋零的、不断自我挑战的灵魂。

翻开装备的清单,一句拉丁语"anima sana in corpore sano"映入眼帘,这句话的意思为"健康身体中的健康灵魂"。因为这句话,毫不犹疑地买下这个由首字母所组成品牌的,以狂热的运动爱好者为目标的占据全球跑鞋70%以上市场的ASICS Kayano 20"球鞋"。

Kayano,从1994年开始,每年出一代新球鞋,至2014年已经是第二十个年头。穿上这双鞋,那些年伴我运动,陪我成长的鞋们,不禁涌现上了我的脑海。

一直喜欢运动,上学的时候只买得起"双星"牌足球鞋,记得当时大约十几块一双。这可能是当年运动最大的开销了,因为当时的家庭并不宽裕,这鞋也就成了全能鞋,不仅踢球时穿,平时也套在脚上,美其名曰:随时可以上场。

因为用得过于频繁,一般来说,一双球鞋的寿命大抵是6个月。不过从第二个月起,就必须经常光顾修鞋摊了,因为已经开始经常性地开线了。最容易开线的当属鞋后跟和内侧两处,大致是因为这两处都是主要受力处。为了尽可能地延长鞋的寿命,我一般第一次穿之前,就先去鞋摊多缝上几道线。特别是每次踢球前,更是要先加固一下,防止球鞋在场上出现"突然死亡"的情况。光顾鞋摊的次数多了,校门口的修鞋师傅也都熟悉了,经常只按普通线收费,给我用的却是最结实的尼龙线。多少年后再回母校,修鞋摊都不见了踪影,取而代之的是卖食物的摊贩。师傅们戴着老花镜、粗糙的手摆弄老式缝鞋机的画面也早已成了记忆中的定格。

工作之后,才有机会买自己喜欢的球鞋,也开始接触不同的运动。记忆深刻的是一双自行车锁鞋,骑行过程中锁鞋是卡在脚踏上的,普通骑自行车只在下踩的过程产生动力,而使用锁鞋可以在上提的过程中也产生动力。比普通骑行提高约30%~40%的动力,帮助提高骑行速度。因为不习惯,这双鞋记不清害得我摔了多少次的跤,腿也经常是摔得皮开肉绽、血肉模糊,当然也陪伴我参加了很多的比赛,取得了不少的好成绩。即使最后因为出国不得不出让了心爱的自行车,但还是留下了这双鞋,放在鞋柜里,不时地拿出来擦拭干净。

去了日本,接触到日本的品牌:Mizuno、Asics,还有羽毛球鞋Yonex、自行车鞋Shimano,还有高尔夫的SRI等等。更开始了解,不同的运动项目一般都有专属的运动装备,比如室内足球鞋和室外的就不一样。室内运动如排球、羽毛球、乒乓球等使用的球鞋是不能在室外使用的，会影响使用寿命。尽管每次参加不同的运动，都添置了专用装备，甚至为这些装备还购买了专用的运动包，但再也没有了原先的那种感受。

购置了新鞋，忍不住天天穿着，连爱人都笑话我：是不是打算穿着鞋睡觉？连自己都不太明白，为什么这次与之前的活动都有所不同。仿佛找到了久违的感觉，这份感觉到底是什么？突然间，我明白了，其实让我记忆的不仅是运动本身，而是一起运动的伙伴和队友。不仅如此，还由队友爱屋及乌，甚至连球鞋也成了伙伴，成了记忆的一部分，驱之不去，永留心中。

于是，当有人问我"远征俱乐部"与其他的EMBA组织有何不同时，我这样回答："远征"，是更多让大家吃苦而不是吃饭的组织！是更愿给你喝彩而不是喝酒的组织！是更关心你的个人实现而不是个人实力的组织！是会让你有更多感悟和更多感动，因而产生更深感情的组织！更是不仅让你"健康"体魄，还要让你"健康"灵魂的组织！

希望这双Kayano鞋，帮我记住即将在我生命中发生的一切！

附：戈壁队友感悟节选

　　脚印虽然很快被风沙掩埋消失不见，但精神的成长和烙印永存。我们不是用脚在走，而是用心在走。考验的不是脚力，而是心力。遇到孤独和困难的时候，我们咬着牙关都坚持下来了。这没有什么诀窍，没什么捷径，大家靠的就是忍耐和默默的坚持。正是因为经历了无数这样的时刻，我们才学会坦然，才能知道怎样面对接下来的困难。经历过跨越戈壁无人区的磨难，我们才真正懂得：人生就如在沙漠中行走，想在沙漠中行走得更远，就要心甘情愿去面对痛苦，并一点一滴克服困难努力走下去。此外别无他途。

　　　　　选自EMBA学员俞勇《戈十：人生逆旅，沙漠行舟》

　　我们并不是要征服戈壁，我们只是想借戈壁，来征服自己。戈壁上那串走向目标的脚印证明，这就是我的"戈十"，这就是我对戈壁的脚量与较量——我来过，我征服过，我感动过！

　　　　　选自EMBA学员徐利洪《脚量与较量——去了戈壁后记》

　　我们就这么坐着，聊着直到不得不离开，我没法把我们说过的每句话都写下来，也没法写下每个人，因为戈壁影响我们的不仅仅是那四天，而是一生。

　　　　　选自EMBA学员邓志军《The way we were》

　　有人说：徒步是"身体的炼狱，心灵的天堂"。在一次次的徒步行走中，把自己融入自然，用思想、心灵和自然对话，感悟关于人生、社会、团队、企业成长的种种哲理与启示。一个团队徒步户外克服种种困难，不仅使我感到强健了体魄，磨炼了意志品质，更开阔了我的视野，丰富了我的思想。

　　　　　选自EMBA学员柴大任《行者无疆》

　　戈壁是一场邂逅，回不去了；戈壁是一场相逢，忘不掉了……我看到了太多太多人性最本质的善良，人与人最无私的奉献，每个人最努力的坚持。戈壁让我看到人性光辉的闪耀，未来我会带着美好、带着善良前行在我人生道路上。有人说，一个人能走多远，看他与谁同行；一个人有多优秀，看他有什么人指点；一个人有多成功，看他与什么相伴。我特别感恩有这样一段经历与这样一群优秀的人结伴，共走这四天三夜的120公里。"戈们"，一段路一生情。

选自EMBA学员吴莜《我与戈十的那些事……》

四天三夜的行走给予我刻骨铭心的体验，平凡中的伟大，困苦中的真情，病痛袭来时的各种关爱，结伴同行时带给我的巨大动力。彼此的鼓励，相互陪伴，让我们没有一个掉队地走完了人生中最艰苦的四天路程。深深体会到了结伴同行的重要，无论哪种形式的陪伴，都是值得我们去珍惜的！那是不离不弃，那是要始终在一起。

选自EMBA学员马兰《戈们的平凡与伟大》

那一天坐在终点旗门阴影处等待队友一起冲线的时候，我觉得很幸福，是的，幸福满足，忍不住微笑。幸福本来就是件很简单的事情，它往往取决于你的心态，虽然那个时候，外表看上去我很狼狈，内里也好不到哪儿去，一屁股坐在地上，都不愿意起来，全无形象可言，但是，那一刻我就是感觉到了幸福，我坚持了，我走完了，我又一次突破了自己以为的极限。

选自EMBA学员张雪梅《在行走中感悟，在感悟中行走》

最后一天，顶着大风走着，大鹏的脚开始化脓，他深一脚浅一脚地走着，我深知水泡的厉害和艰难，内心极其佩服这个老男人的毅力和勇敢。我依旧不能拖团队后腿，我深知我再伤了，团队的成绩就没有了，我一直拼命地往前跑……为了梦想，为了希望，为了团队……终点……携手闯线……鲜花、拥抱、泪水……那一刻我彻底大哭……

选自EMBA学员钟成军《挑战自我，不忘初心》

我静静地溜进颁奖典礼的会场，远远地一个人站在角落。舞台大屏幕正在播放着那首"戈友"心中的圣歌《玄奘的路》，看着MV里往届戈友穿越戈壁的画面，突然觉得是那么的唯美震撼，双眼渐渐模糊，我索性任由眼泪肆意流淌，好久没有这么酣畅地哭泣，那眼泪或许在祭奠什么、忘却什么，又可能是在铭刻什么……戈壁之行，说是一次灵魂的沉淀一点都不为过！是行走，更像是一场修行，在这里我们增加了生命的厚度，经历痛楚而获得了现在的自己。

选自EMBA学员邵建春《我的戈十感受》

刚踏上茫茫戈壁时，我突然觉得，人类是如此的渺小，如此的弱不禁风。而当我们的英雄们冲过终点的那一刹那，人与自然显得那么的和谐、相得益彰。

选自EMBA学员毕青森《戈壁那么大，我想去看看》

至今我还难以忘记，冲线的那一刻：我一边按快门，一边朝着队伍奔去。当时已经忘记自己应该记录下这每个珍贵的画面。星星抱着我涕不成声，这泪水是感动，是坚持、超越后的感慨，是对此次戈壁历程的感知。这一刻，不需要语言，一个拥抱能代表所有：理解、支持、信任！玄奘之路给予我们的不仅仅是一场赛事，这是一场走心的感悟历程，走过一次，对我们自身的修行得到一次加持。理想行动，为信仰坚持不懈，最后实现自我的超越。无上甚深微妙法，百千万劫难遭遇，我今见闻得受持，愿解如来真实义。受到这趟玄奘之旅的加持，对未来人生道路的认知都会更加开启明智。

选自EMBA学员代云《感悟与梦想 我的戈壁情缘》

　　心中有什么样的世界，你看到的一定是什么样的世界，昨天的故事不再重复，但是它将永恒地留在我们的记忆里！

选自EMBA学员王万禹《我的戈十感悟》

　　这四天三夜里我根本就没有想过玄奘之路的意义，只是单纯地想和队友们完成这场比赛，想把队友们没伤没痛地带回来！可是在回程的路上，看着疲惫不堪的在车上、在飞机上睡得东倒西歪的队友，我却不由地想了很多。我不懂商业和管理，我接触得更多的是队友的伤痛，就是这些带着伤痛的队友们让我感触良多……鲁迅有言："不耻最后。即使慢，驰而不息，纵令落后,纵令失败,但一定可以达到他所向往的目标。"坚持,是的,就是坚持！我看到最多的就是这两个字！当伤病袭来,不论是队医的治疗还是队友的陪伴,谁都没有办法分担这份伤痛,靠的就是这份坚持才让每位队员咬牙走到了终点！坚持,既是一件事,也是一颗心……坚守初心,守的是自己的理想,用行动去实现,用坚持去拉长距离,走得快不代表走得远,人生之路和戈壁又有何不同呢?!

选自随队队医程莹星《玄奘之路,坚持之旅》